PSICOPEDAGOGIA

Um conhecimento em contínuo
processo de construção

Coleção Forma-Ação em psicopedagogia
Organizadora: Edith Rubinstein

PSICOPEDAGOGIA

Um conhecimento em contínuo processo de construção

MARIA DAS GRAÇAS SOBRAL GRIZ

Deixo registrado neste trabalho meus agradecimentos
a todos que direta ou indiretamente contribuíram
para que ele fosse realizado.

A meu companheiro Gilberto Griz.

Minhas colegas de trabalho.

Um agradecimento especial a meus filhos,
Gianna, Giovanni, Silvana, Luciana e Cristiana e
àquelas crianças com as quais trabalhei,
ao longo de minha vida, e que, como aprendentes,
me ensinaram a ser ensinante.

© 2009 Casapsi Livraria, Editora e Gráfica Ltda.
É proibida a reprodução total ou parcial desta publicação,
para qualquer finalidade, sem autorização por escrito dos editores.

1ª edição
2009

Editores
Ingo Bernd Güntert e Christiane Gradvohl Colas

Assistente Editorial
Aparecida Ferraz da Silva

Capa
Danilo Pasa

Editoração Eletrônica
Sergio Gzeschnik

Produção Gráfica
Ana Karina Rodrigues Caetano

Preparação do original
Geisa Mathias de Oliveira

Revisão
Flavia Okumura Bortolon e Jerome Vonk

Dados Internacionais de Catalogação na Publicação (CIP)
(Câmara Brasileira do Livro, SP, Brasil)

Griz, Maria das Graças Sobral
    Psicopedagogia: um conhecimento em contínuo processo de construção/
Maria das Graças Sobral Griz. — São Paulo: Casa do Psicólogo®, 2009. —
(Coleção forma-ação em psicopedagogia / dirigida por Edith Rubinstein)

Bibliografia.

ISBN 978-85-7396-621-3

    1. Psicopedagogia 2. Psicopedagogia educacional 3 I. Rubinstein, Edith.
II. Título III. Série.

09-02680   CDD-370.15

Índices para catálogo sistemático:

1. Psicopedagogia: Educação 370.15

Impresso no Brasil / *Printed in Brazil*

Reservados todos os direitos de publicação em língua portuguesa à

Casapsi Livraria, Editora e Gráfica Ltda.
Rua Santo Antônio, 1010
Jardim México●CEP 13253-400
Itatiba/SP Brasil
Tel.: (11) 4524.6997 Site: www.casadopsicologo.com.br

Sumário

Prefácio, por *Beatriz Judith Lima Scoz* 9

Apresentação.. 13

Introdução 23

1 - A relação entre desenvolvimento cognitivo e aprendizagem... 31

2 - Paradigmas no desenvolvimento da psicopedagogia.... 65

3 - Problemas de aprendizagem 81

4 - A ação psicopedagógica numa visão particular 127

5 - Apresentação de casos clínicos 175

Referências bibliográficas.. 203

Prefácio

Beatriz Judith Lima Scoz[1]

P*sicopedagogia – um conhecimento em contínuo processo de construção* é a reflexão sobre a atuação da autora como educadora e psicopedagoga em seus muitos anos de trabalho, seja na clínica psicopedagógica, seja na instituição escolar.

Fruto da práxis, este livro representa uma tentativa de refletir sobre o estado da arte da psicopedagogia nos dias de hoje e, coerente com o tema proposto, apresenta novos questionamentos, uma vez que a psicopedagogia trata dos processos de ensino/aprendizagem que implica o perguntar e, ao mesmo tempo, o perguntar-se sobre si mesmo.

---

[1] Psicopedagoga. Doutora em Psicologia da Educação pela PUC/SP. Professora do Programa de Psicologia Educacional/Psicopedagogia – pós-graduação stricto sensu (Mestrado) – da UNIFIEO/SP.

A autora também nos brinda com uma retrospectiva histórica da psicopedagogia, enfatizando o papel da Associação Brasileira de Psicopedagogia e, nela aponta para a superação de uma perspectiva patologizante que, durante algum tempo, caracterizou a atuação psicopedagógica.

Para dar força a essas idéias, Griz toma algumas concepções de Vygotsky, um autor cujos conhecimentos têm uma dimensão atual no que se refere ao rompimento com a lógica da fragmentação elementar e com os princípios universais para definir a organização geral da psique. Para isso, a autora apresenta o conceito de *zona de desenvolvimento proximal*. Neste, há um rompimento do paradigma patologizante dos processos de aprendizagem que se expressa pela capacidade da realização de um trabalho com estados embrionários – "brotos" ou "flores" do desenvolvimento – que posteriormente se transformarão em aprendizagem. Griz aposta nessa possibilidade e a expressa muito bem, quando afirma: "toda criança é capaz de aprender desde que tenha condições favoráveis..."

Outro ponto forte da obra de Griz é sua concepção dinâmica e processual acerca do conhecimento, condizente com o pensamento científico na atualidade. Ao evidenciar os processos de ensino e aprendizagem como algo que não se separa, a autora demonstra que esses processos devem ser compreendidos como uma unidade indissociável, que pode ser definida como um sistema dialógico e dialético, ao mesmo tempo, constituinte e constituído. Uma concepção que deve ser apropriada por todos os profissionais da educação e da psicopedagogia, pois sem ela não se pode dar conta da complexidade que envolve os processos de ensino e aprendizagem.

A autora nos apresenta ainda, uma perspectiva da psicopedagogia que aponta para uma nova construção entre a educação e a psicologia, mas que não se reduz nem a uma nem a outra.

Ou seja, trata-se de uma construção integrada de novas formas de olhar os fenômenos do ensino/aprendizagem, entretanto, formas já transformadas.

Por fim, após discorrer sobre o diagnóstico e o atendimento psicopedagógicos em uma perspectiva clara e abrangente, a autora nos apresenta os casos clínicos de José, Lúcia e Mario, desvelando possíveis ações para a superação de problemas de aprendizagem. Evidencia, ao mesmo tempo, a necessidade do psicopedagogo ter conhecimento das concepções de ensino/aprendizagem que adota, compreendendo as múltiplas articulações que os circundam.

Como esta obra é abrangente e esclarecedora do ponto de vista teórico/prático, tenho certeza de que contribuirá para aprimorar os estudos e o desempenho de psicopedagogos, educadores e profissionais de áreas afins, para a melhoria da qualidade dos processos de ensino/aprendizagem em todos os contextos em que eles se configuram. Ao mesmo tempo, de acordo com os propósitos da autora, esta obra abre espaço para constantes descobertas e inovações...

Março de 2008.

Apresentação

"Este livro não se constitui no fruto acabado de uma experiência completa; trata-se mais precisamente de um feixe de hipóteses, conclusões inconclusas que resumem simultaneamente os acertos recolhidos e os erros descartados em quinze anos de trabalho psicopedagógico. Seu objetivo é mostrar um caminho, em parte já percorrido, mas que requer correções e verificações permanentes, seja ao nível da crítica ideológica, da contribuição teórica, ou da adequação técnica; desta forma sua razão de ser é modificar-se".

Sara Pain
(1986, p. 9)

Gostaria de fazer uma retrospectiva de minha trajetória profissional para que o leitor possa entender melhor os motivos que me levaram à psicopedagogia e, agora, o que me leva a escrever sobre esta profissão que, acredito, dá ao profissional da educação e da saúde uma competência que ele não adquire em suas graduações.

A psicopedagogia é para mim não apenas uma profissão, mas uma forma de viver, uma vez que nos ensina a ter uma postura mais humana com as pessoas, com as coisas, com a natureza, enfim, com a vida. Pena que só possamos mergulhar na sua teoria e viver a sua prática quando muitas de nossas ações já tenham sido realizadas.

Ao concluir o curso pedagógico (hoje chamado formação de magistério) em 1959, ingressei na Faculdade de Filosofia de Pernambuco da UFPE, para fazer o curso de letras clássicas. Ao concluir o bacharelado, complementei os estudos no curso de didática da mesma faculdade. Neste período, trabalhei num programa de governo da Prefeitura de Recife, chamado Movimento de Cultura Popular (MCP), no setor de alfabetização de adultos, sob a orientação do professor Paulo Freire. Com o fechamento do MCP, pelo Movimento Militar de 1964, passei a regente de classe, em vários colégios de Recife, lecionando português.

Em 1967, ingressei no serviço público federal, trabalhando no programa de reabilitação profissional, na função de professora do ensino básico, complementando o nível escolar dos portadores de seqüelas por acidente de trabalho. Em 1974, fui transferida para o setor de treinamento de pessoal, no centro de treinamento do mesmo órgão federal, onde fiz formação em treinadora de recursos humanos. Em 1975, fui aprovada em concurso para técnico em assuntos educacionais, também do serviço público federal. A partir daí, passei a trabalhar na equipe de saúde mental de um posto médico ambulatorial, junto a psiquiatras infantis, neuropediatras, psicólogos, psicomotricistas. Muitas crianças e adolescentes eram encaminhados como portadores de distúrbios psiquiátricos, comportamentais e neurológicos, por apresentarem um quadro "anormal", nas escolas em que estudavam. Após serem examinados, aqueles profissionais constatavam que as queixas eram improcedentes, que o problema estava na não aprendizagem desses sujeitos. Esse fato levou aqueles profissionais a solicitarem à direção do posto um profissional que tivesse condições de trabalhar com esta demanda. Assim, em 1976, iniciamos junto àquela equipe um trabalho psicopedagógico suprindo uma carência que há muito vinha sendo sentida. Minha entrada formal na psicopedagogia se deu "empurrada" pela necessidade de ajudar crianças e adolescentes com rótulos severos que aumentavam seus problemas e os conduziam à marginalidade escolar e social. A psicopedagogia era, então, conhecida como reeducação das dificuldades escolares. Minha função era atender as crianças com dificuldades de aprendizagem, encaminhadas para a psiquiatria com queixa de distúrbios de comportamento.

Algum tempo depois, comecei a orientar profissionais que desejavam trabalhar nessa área, através de grupos de estudos, dos quais ainda hoje sou coordenadora. Firmei-me como supervisora, depois da minha ampla atuação em atendimentos clínicos. Continuei, também trabalhando no posto de atendimento médico do serviço público federal, na condição de psicopedagoga, até o ano de 1991, quando me aposentei do serviço público, trabalhando apenas em consultórios.

Ainda encontro muitos questionamentos em minha atividade como psicopedagoga, buscando respostas em outros lugares. Busco, particularmente, uma explicação para o percentual tão elevado de crianças do sexo masculino com problemas de aprendizagem, sendo este o tema de um trabalho por mim realizado e que vem tendo boa aceitação.

Toda essa trajetória profissional me fez pensar em escrever algo que pudesse ser lido por profissionais e estudantes que, interessados nos problemas da educação, particularmente do Nordeste, encontrassem um referencial para uma atuação consistente. Assim, começo a escrever minha prática psicopedagógica, desde o seu início, quando buscava nos poucos teóricos de que tinha conhecimento, uma fundamentação que me desse respaldo.

Este trabalho, portanto, não tem a pretensão de inovar, mas de mostrar um caminho percorrido pela psicopedagogia ao longo de seu belo percurso em busca de uma solução para os problemas da não aprendizagem do sujeito, neste complexo processo da aprendizagem humana. Busco mostrá-lo a profissionais da área de educação e saúde, bem como aos estudantes que já projetam seu olhar para esta área.

Vale aqui salientar a luta que a ABPp – Associação Brasileira de Psicopedagogia, com sede em São Paulo, seus núcleos e suas seções – vêm travando pela legalização da psicopedagogia como uma profissão. Esta luta vem desde muito tempo, como mostro a seguir.

No Congresso Nacional, encontra-se em tramitação a Lei 3124/27, do deputado Barbosa Neto do PMDB/GO, que visa regulamentar uma situação que ocorre na prática dos que trabalham com a educação – acrescentar às suas profissões afins, a do psicopedagogo.

Muitos são os questionamentos em torno do assunto; uns contra, outros a favor. Apresento, aqui, alguns argumentos com os quais queremos apresentar nossa defesa a favor da legalização, no Brasil, da psicopedagogia como uma profissão.

Primeiro, constitui-se um equívoco, para não falar em desconhecimento da história da psicopedagogia, considerar que, hoje, ela se apresenta como a intersecção da psicologia com a pedagogia. Esta visão já pertenceu a um capítulo de sua evolução histórica, quando era identificada também com outras profissões, até mesmo, fazendo uso do modelo médico de compreensão e tratamento das dificuldades na aquisição do saber, conhecidas como "Distúrbios de Aprendizagem".

O avanço que se pode perceber na compreensão dos estudos relacionados ao processo de aprendizagem e seus percalços tem sido significativo. Vários autores nacionais e estrangeiros têm realizado estudos e mostrado a relação, cientificamente comprovada, entre inteligência, afetividade e ambiente sócio-histórico-cultural do indivíduo no seu processo de aprendizagem. Esta inter-relação, a multiplicidade dos estudos feitos por profissionais psicopedagogos de conhecido renome – nacionais e estrangeiros – vêm, portanto, demonstrar que a psicopedagogia já possui seu próprio objeto de conhecimento, com fundamentação teórica, com métodos e técnicas próprias. A psicopedagogia é uma área de atuação que trata do *processo de aprendizagem humana e das dificuldades que ocorrem neste processo*.

Claro que, como toda área de conhecimento que busca compreender e estudar o indivíduo, ela é também, como a psicologia e a pedagogia, interdisciplinar. Claro também o é que, com sua regulamentação, adviria, por conseqüência, a regulamentação de seu curso de formação, não sendo mais necessário que os psicopedagogos fizessem uso de outros cursos para se tornarem profissionais. O curso de psicopedagogia terá então seu conteúdo curricular próprio, como já existe em outros países, e mesmo no Brasil, embora não regulamentado.

Segundo, constitui-se outro equívoco dizer que a psicopedagogia possui uma "visão psicopatologizante" da educação. Esta é uma visão da qual a psicopedagogia há muito já se afastou, mantendo um posicionamento contrário. E por quê? A psicopedagogia vê o processo de aprendizagem inserido em vários fatores, e NUNCA numa perspectiva unilateral, que considera o aluno como único responsável pela sua aprendizagem, quer seja bem ou mal sucedida. A psicopedagogia possui uma posição, na qual acredita estar a aprendizagem imersa num processo, no qual multiplicidades de fatores estão relacionados. No seu processo de aprendizagem, o indivíduo trabalha seu corpo, seu organismo, sua inteligência e seu desejo; e esse trabalho está sempre numa interação com seu ambiente familiar, escolar e social. Assim, a psicopedagogia possui uma visão global do indivíduo no seu processo de aprendizagem e nas dificuldades que possam ocorrer neste processo.

Terceiro, a atuação da psicopedagogia se dá tanto no nível clínico como no institucional, uma vez que sua prática visa intervir nos problemas de aprendizagem que surjam e, também, preveni-los. E aí reside, talvez, a causa das opiniões contrárias à regulamentação da psicopedagogia como profissão. No entanto, voltamos a afirmar que o objeto de trabalho da psicopedagogia é a prevenção, o diagnóstico e a intervenção nos problemas que ocorrem *no processo de aprendizagem* do indivíduo. Não está, portanto interferindo nem atuando no objeto de trabalho de nenhum outro profissional.

A psicopedagogia construiu sua própria síntese, a partir das contribuições de outras áreas de conhecimento como a pedagogia, a psicologia, a lingüística, a sociologia, a epistemologia, a neurologia, a psicanálise, além de outras. Hoje, possui seu próprio corpo teórico, já é *de fato* uma profissão, precisa ser agora uma profissão *de direito*.

É com essa certeza que os psicopedagogos de Recife sempre apoiaram o projeto de lei do deputado Barbosa Neto.

Concluo, assim, essa nossa reflexão com alguns questionamentos, próprios de quem continua construindo seu conhecimento:

Quem somos nós, os psicopedagogos? O que nos cabe enquanto profissionais que estudam e lidam com a aprendizagem humana? Para onde vai a psicopedagogia? Seu objetivo será continuamente ampliado?

Acreditamos que só a realidade de cada dia e de cada um poderá dar um retorno a esses questionamentos. Acreditamos, ainda, que a psicopedagogia ainda continuará modificando-se, seguindo seu caminho e construindo-se onde quer que exista um sujeito em aprendizagem. Essa nossa reflexão é que me mostrou mais uma forma de ver a luta da ABPp concretizada, qual seja, escrever um livro que pudesse mostrar esse rico percurso, esse caminhar de uma profissão fundamental para prevenir e solucionar muitos dos problemas que ocorrem no processo de ensino-aprendizagem do sujeito.

Na introdução, poderá o leitor encontrar um estudo sobre o surgimento da psicopedagogia a partir do século XIX, na Europa, sua passagem pela Argentina, onde criou raízes profundas, até chegar ao Brasil. Aqui, ela cria suas raízes nos estados do sul do país. A psicopedagogia, como a vemos hoje, demorou a chegar ao Nordeste do país, onde encontram-se muitos estudiosos e profissionais interessados e buscando cada vez mais se aperfeiçoar.

No primeiro capítulo do livro, achamos necessário explicitar a relação entre desenvolvimento cognitivo e aprendizagem. Antes mesmo de entrarmos no tema proposto – a psicopedagogia –, consideramos que o profissional que lida com as dificuldades de aprendizagem precisa conhecer o mecanismo das relações, a forma como filogeneticamente o desenvolvimento cognitivo do homem se deu, para melhor entender como as dificuldades na aquisição do conhecimento ocorrem ontogeneticamente. Optamos por fazer uma retrospectiva da história da construção do conhecimento na humanidade, ressaltando a teoria de

Vygotsky quando fala sobre a relação entre desenvolvimento e aprendizagem.

No segundo capítulo, apresentamos uma retrospectiva histórica do caminho percorrido pela psicopedagogia, as diversas visões paradigmáticas das quais sua prática se utilizou até se constituir numa área de conhecimento transdisciplinar. Mostramos, ainda, como a psicopedagogia vê, hoje, a relação que se dá entre a ausência de limites e a aquisição do conhecimento, e como entende o aprender e o não-aprender numa perspectiva atual.

No terceiro capítulo, procuramos apresentar alguns problemas de aprendizagem trabalhados na clínica psicopedagógica ao longo do tempo e seguindo os caminhos paradigmáticos pelos quais sua trajetória histórica foi sendo construída.

No quarto capítulo, descrevemos a ação psicopedagógica numa visão particular – a nossa visão –, traçando os passos que consideramos importantes para a construção do processo diagnóstico, para a realização de uma avaliação na qual possamos observar os talentos e as potencialidades do sujeito/objeto da investigação e estudar as modalidades de aprendizagem do sujeito, geradoras ou não de problemas de aprendizagem. Ainda, neste capítulo, o leitor terá uma breve visão da teoria da Modificabilidade Cognitiva Estrutural, cujos instrumentos de ação – PEI – ajudam na intervenção psicopedagógica; como as relações vinculares interferem na não aprendizagem e suas implicações com as questões do gênero; qual é esse novo olhar e essa nova escuta que a psicopedagogia aplica na sua intervenção clínica; como se utiliza dos contos de fada para realizar um trabalho psicopedagógico relacional.

Finalmente, no quinto capítulo, o leitor terá a oportunidade de ver alguns casos clínicos atendidos, analisados à luz dos pressupostos teóricos da psicopedagogia.

As principais bases teóricas para a elaboração deste material estão contidas nos teóricos que se seguem: Sara Pain, Alicia Fernándes. Anny Cordié, Ajuriaguerra, Nádia Bossa, Condemarín e Blomquist, Vitor da Fonseca, Edgar Morin, Sônia Parente, Piaget, Vygotsky, Zaldo Rocha, Beatriz Scoz e muitos outros que estão nas referências bibliográficas.

Introdução

"...um coelho branco é tirado de dentro de uma cartola. E porque se trata de um coelho muito grande, este truque leva bilhões de anos para acontecer. Todas as crianças nascem bem na ponta dos finos pêlos do coelho. Por isso elas conseguem se encantar com a impossibilidade do número de magia a que assistem. Mas conforme vão envelhecendo, elas vão se arrastando cada vez mais para o interior da pelagem do coelho. E ficam por lá. Lá embaixo é tão confortável que elas não ousam mais subir até a ponta dos finos pêlos, lá em cima. Só os filósofos têm ousadia para se lançar nesta jornada rumo aos limites da linguagem e da existência. Alguns deles não chegam a concluí-la, mas outros se agarram com força aos pêlos do coelho e berram para as pessoas que estão lá embaixo, no conforto da pelagem, enchendo a barriga de comida e bebida: – Senhoras e senhores – gritam eles –, estamos flutuando no espaço! Mas nenhuma das pessoas lá de baixo se interessa pela gritaria dos filósofos.

– Deus do céu! Que caras mais barulhentos! – elas diziam. E continuavam a conversar:

– Será que você poderia me passar a manteiga? Qual a cotação das ações, hoje? Qual o preço do tomate? Você ouviu dizer que a Lady Di está grávida de novo?..."

Jostein Gaarder

Os estudiosos que se detiveram em pesquisar os problemas de aprendizagem são originários da Europa, no século XIX. Quem primeiro se ocupou do estudo desses problemas foram os filósofos, os médicos e os educadores (Bossa, 1994).

A literatura francesa mostra-nos autores, como Jacques Lacan, Maud Manoni, Françoise Dotto, Julián de Ajuriaquerra, Pierre Vayer, Pichon-Rivière, Janine Mery, dentre outros, cujas idéias influenciaram a psicopedagogia na Argentina, que vem se destacando como referência na práxis psicopedagógica brasileira.

Bossa (1994) nos fala sobre o primeiro centro médico-psicopedagógico localizado na França, cujo fundador foi George Mauco. Neste centro já se observa uma articulação entre várias áreas de conhecimento, como a medicina (psiquiatria, neuropediatria e pediatria), a psicologia, a psicanálise e a pedagogia. Juntos, os profissionais dessas áreas buscavam soluções para os problemas de aprendizagem que acercavam as crianças de então.

A França, pois, leva à Argentina seus aportes teóricos sobre o tema da problemática escolar. A Argentina exporta para o Brasil não só uma literatura, como também profissionais da psicopedagogia que aqui vieram estudar em cursos de pós-graduação, e aqui permaneceram ministrando cursos e ocupando espaços de trabalho. Os argentinos, junto com os profissionais brasileiros, começam a firmar a psicopedagogia no Brasil.

Em São Paulo, profissionais preocupados com os problemas de aprendizagem de nossas crianças juntam-se para analisar e discutir o assunto. Em 1979, no Instituto Sedes Sapientiae, foi criado o primeiro curso de psicopedagogia, em nível de pós-graduação, iniciativa de Maria Alice Vassimon, pedagoga e psicodramaticista, e de Madre Cristina Sodré Dória, diretora daquele Instituto. Importante é ressaltar que na Argentina já existe este curso, em nível de graduação.

Outros estados se constituem também como pioneiros, como é o caso do Rio Grande do Sul, pela sua preocupação com a formação institucional de profissionais que se dedicavam ao estudo da psicopedagogia.

Nos anos de 1980, ainda em São Paulo, profissionais organizam-se em grupos de estudo para analisar, discutir, estudar e buscar solução para os problemas de aprendizagem e definir as abordagens preventivas e terapêuticas da psicopedagogia. A partir desses encontros, surgiu em 1980, a Associação Estadual de Psicopedagogia que, mais tarde, ainda na mesma década, transforma-se em Associação Brasileira de Psicopedagogia – ABPp. Atualmente, a ABPp conta com treze seções e nove núcleos, dos quais um é o de Pernambuco.

Em Recife, a psicopedagogia começa a fazer parte da atuação de profissionais da área da educação nos meados dos anos de 1970. Começam a aparecer grupos de estudos sobre os problemas de aprendizagem, reuniões assistemáticas e profissionais isolados iniciam um trabalho em ambulatório e em clínicas particulares. Assim é que foi constituída uma equipe de profissionais que trabalhavam num posto médico do então INAMPS. Desta equipe faziam parte psiquiatras infantis, psicólogas, neuropediatras, uma psicomotricista. Muitas crianças e adolescentes eram encaminhados como portadores de distúrbios psiquiátricos, comportamentais e neurológicos, por apresentarem um quadro "anormal" nas escolas em que estudavam. Após serem examinados, aqueles profissionais constatavam que as queixas eram improcedentes, que o problema estava na não aprendizagem desses sujeitos. Esse fato levou aqueles profissionais a solicitarem da direção do posto, um profissional que tivesse condições de trabalhar com esta demanda. Assim, em 1976, iniciamos junto àquela equipe, um trabalho psicopedagógico suprindo uma carência que há muito vinha sendo sentida.

Após essa experiência pioneira que se iniciou no serviço público federal, num posto de saúde de Recife, na ocasião denominado "Correia Picanço", essa prática, que era isolada, começou a se estender nas clínicas particulares, motivando a formação de grupos de estudo sobre as teorias que embasavam a prática e sobre a metodologia que deveria ser utilizada para levar o sujeito a aprender.

De início, também em Recife, adotou-se um modelo médico de intervenção, denominada reeducação psicopedagógica, numa analogia ao que vinha sendo feito nas cidades do sul do país. Os estudos realizados levaram os profissionais da área a transformarem seus saberes e, conseqüentemente, sua prática.

As ações psicopedagógicas foram se multiplicando, mais profissionais ingressaram nesta prática, muitas clínicas começaram a trazer para si psicopedagogos que, embora não especializados, buscavam estudar, discutir, trocar experiências e, assim, a psicopedagogia começa, com força, a fazer parte da vida dos profissionais que se preocupavam com as causas do fracasso escolar e dos problemas de aprendizagem.

Em 1996, surge o Centro Psicopedagógico de Atividades Integradas, entidade jurídica denominada CEPAI Ltda. Surge de um desejo meu de criar um espaço para aprofundamento e pesquisa sobre o processo de aprendizagem humana, a partir da constatação do grave problema social do fracasso escolar. Conosco vieram as psicopedagogas Rosa Câmara e Noemi Gonçalves, que já atuavam individualmente nessa área.

Passa-se a desenvolver atendimentos, grupos de estudos, reuniões, estudo de casos sistemáticos. Nessa atuação, o CEPAI vem ao encontro das propostas psicopedagógicas voltadas para as exigências do terceiro milênio, momento de rápidas e grandes transformações, em que o conhecimento é o instrumento que o homem usará para acompanhar essas mudanças, com mais flexibilidade e autonomia.

Desenvolve-se um trabalho multidisciplinar e interdisciplinar nas áreas de psicopedagogia, psicologia, fonoaudiologia e psicomotricidade, com ações preventiva e interventiva, por meio de diagnósticos e atendimentos das dificuldades de aprendizagem das crianças, adolescentes e adultos.

Com isto, o CEPAI procura levar aqueles que lidam com a *Educação*, à reflexão, à observação e à busca da resignificação da própria aprendizagem.

Refletir sobre o "aprender a aprender", procurar o conhecimento atualizado no "aqui e agora" de nossa sociedade e desenvolver a consciência da co-participação entre a escola, a família e a comunidade na construção da cidadania, constituem-se no objetivo maior do CEPAI.

O CEPAI, por meio de ações psicopedagógicas, desenvolve sua prática atuando em dois campos de ação:

1. Campo do saber – por meio de um curso de pós-graduação *lato sensu* com especialização em psicopedagogia. Esse curso proporciona a inter-relação entre os vários campos da ciência que fundamentam os pressupostos da psicopedagogia, ao mesmo tempo em que possibilita a pesquisa científica, pela práxis, nos estágios clínico e institucional.

2. Campo de atuação profissional – a partir de atendimentos individuais interventivos a crianças, adolescentes e adultos, com discussões clínicas, além de assessoramento

às instituições escolar, empresarial e hospitalar, numa ação preventiva, utilizando-se dos conhecimentos adquiridos no campo do saber. Esta práxis retroalimenta o campo teórico, dando maior subsídio para a resolução das dificuldades de aprendizagem.

O CEPAI encontrou na teoria psicopedagógica o suporte para a sua ação, e todo o seu trabalho é embasado nesses pressupostos teóricos que abrangem as teorias do processo de desenvolvimento e de aprendizagem do ser humano, tema que me proponho a discorrer neste trabalho.

Como já tivemos oportunidade de falar, a psicopedagogia surgiu na França e, inicialmente, era voltada para a remediação ou reeducação das crianças com problemas de aprendizagem, identificados nos seus primórdios, como um modelo médico de compreensão e tratamento dos chamados distúrbios de aprendizagem.

No Brasil, surge em resposta ao grande problema do fracasso escolar, buscando, no início, os sintomas das dificuldades de aprendizagem – desatenção, desinteresse, lentidão, inapetência para o estudo etc.; depois, percebe-se que o sintoma é apenas um sinal, produto de uma desarticulação dos diferentes aspectos que envolvem o processo de aprendizagem, como o afetivo, o cognitivo, o social e o orgânico. Observa-se, ainda, na evolução desses estudos que há uma diferenciação entre *problema de aprendizagem* e *fracasso escolar*.

No momento, percebe-se um avanço na compreensão das questões relacionadas a aprender e suas dificuldades. Diversos autores, tais como Sara Pain, Jorge Visca, Ana Maria Muñiz, Pichon-Riviére, Alicia Fernández, Lino de Macedo, Beatriz Scoz, Nádia Bossa etc., além de alguns psicanalistas, como Anny

Cordié, Leny Mrech, Maria Cristina Kupfer, Jean C. Filloux e outros, aprofundam estudos a respeito das relações entre as dificuldades de aprendizagem e o inconsciente do sujeito, e estabelecem uma relação entre inteligência e afetividade e as suas conseqüências para o processo da aprendizagem humana.

A psicopedagogia é um campo de atuação existente há muito tempo em vários países, como já o dissemos anteriormente e que, inicialmente, se voltava para a remediação ou reeducação das crianças com problemas de aprendizagem.

Desta forma, a psicopedagogia evoluiu e se ampliou para constituir-se numa área aplicada, interdisciplinar e transdisciplinar. Ela integra e constrói sua própria síntese a partir das contribuições de várias áreas de conhecimento, tais como a pedagogia, a psicologia, a psicolingüística, a sociologia, a epistemologia genética, a neurologia e a psicanálise, buscando não só uma intervenção, mas também a prevenção das dificuldades no processo de aprendizagem do indivíduo.

Portanto, podemos definir a psicopedagogia como uma área que estuda e lida com o processo de aprendizagem humana e suas dificuldades, compreendida na especificidade do sujeito que aprende.

A psicopedagogia é um campo de conhecimento recente que surgiu a partir dos conhecimentos trazidos da pedagogia e da psicologia. Evoluiu em busca de um corpo teórico próprio. Da mesma forma que todas as demais disciplinas, nesta sua trajetória evolutiva, a psicopedagogia encontrou muito de seus aportes teóricos na integração de vários campos de conhecimento, já expostos anteriormente, com o objetivo de ter uma compreensão mais integradora do processo da aprendizagem humana. Assim é que podemos dizer que essa tarefa difícil de integração das distintas áreas de conhecimento não se dá aprioristicamente, mas a partir da construção, pelo profissional da psicopedagogia, de uma síntese que se constitui, hoje, num corpo de conhecimento específico, cujo objeto central de estudo é, repito, o processo de aprendizagem humana e os percalços que possam ocorrer, procurando conhecer o sujeito aprendente e a influência do meio – família, escola e sociedade – no desenvolvimento desse processo. Isso nos leva à compreensão de que também se constitui objeto central da psicopedagogia as relações que permeiam o processo de aprendizagem do sujeito.

O campo de atuação do psicopedagogo inclui o espaço físico no qual este trabalho é executado e o espaço epistemológico próprio de sua atuação. Seu campo de atuação irá depender da modalidade que se destina sua prática: na teoria, na clínica, ou institucionalmente, sendo as três sempre articuladas entre si e assumindo, cada uma, características específicas.

A partir deste pressuposto, faz-se importante rever como esses aspectos interferem no processo ensino-aprendizagem. Falamos, aqui, em ensino-aprendizagem, pois sendo um processo, deve-se observar aqueles que se encontram nele envolvidos, ou seja, aquele que ensina e aquele que aprende.

1

A relação entre desenvolvimento cognitivo e aprendizagem

"...estoy convencido de que llegará el dia em que la psicología de las funciones cognoscitivas y el psicoanálisis estarán obligados a fusionarse em uma teoria general que mejorará a ambos y los corregirá"[1].

Piaget
(1973, in Visca, p. 30)

Abordaremos o pensamento de Vygotsky sobre o tema complexo da relação entre desenvolvimento cognitivo e aprendizagem. Esse assunto tem sido discutido por vários teóricos da psicologia cognitiva, que apresentam suas idéias acerca do conceito de desenvolvimento, de aprendizagem, de conhecimento e, principalmente, de como se processa a aquisição de conhecimento no indivíduo. A busca constante entre aqueles que se preocupam com o tema está muito ligada a um ponto fundamental: que

---

1 "Estou convencido de que chegará o dia em que a psicologia das funções cognoscitivas e a psicanálise estarão obrigadas a se unirem em uma teoria geral que trará benefícios às duas e as corrigirá." (Tradução da autora).

relação existe entre o desenvolvimento da criança e o seu processo de aprender? Procuraremos apresentar algumas idéias de Vygotsky sobre o assunto, tendo a consciência que nada ficará esgotado e muita coisa ainda restará para ser dito.

Para discorrer sobre o assunto, traremos para esta cena, primeiramente, algumas abordagens sobre a influência que a psicologia sempre exerceu na educação e sobre o pensamento filosófico, tema-mãe de todas as áreas do conhecimento. Essa nossa escolha decorre do fato de que os psicólogos, teóricos do desenvolvimento e da aprendizagem humana, sempre tiveram seu olhar voltado para o pensamento filosófico que norteou a busca do conhecimento. Esse pensamento também é sentido nos estudos psicológicos ao longo dos anos.

Numa segunda seção, traremos para a leitura o ambiente sócio-histórico-cultural no qual Vygotsky viveu durante toda sua formação escolar, acadêmica e profissional. Momento de grande reboliço social e econômico vivido pelo autor, exercendo tanta influência em seu pensamento que ele era considerado um homem de seu tempo, para além de seu tempo. Portanto. para compreender o seu percurso teórico, faz-se necessário situá-lo no seu contexto.

Penetrando na sua filosofia, começamos a abordar os processos psicológicos superiores e os processos psicológicos elementares, fundamentação maior de seu pensamento. Numa outra seção, apresentaremos sua teoria sobre desenvolvimento cognitivo, tentando explanar o que Vygotsky elaborou de mais fundamental para o processo de aprendizagem humana, que foram suas idéias sobre Internalização e Zona de Desenvolvimento Proximal.

No final, procuraremos compreender o pensamento de Vygotsky acerca da relação entre desenvolvimento e aprendizagem, esforçando-nos a ser o mais fiel possível às idéias do autor.

O PENSAMENTO FILOSÓFICO, A PSICOLOGIA E O DESENVOLVIMENTO COGNITIVO

A influência da psicologia sobre a educação constitui um tema sempre presente no estudo do desenvolvimento cognitivo e sua relação com o processo ensino-aprendizagem. A psicologia é sempre uma fonte natural fornecedora de aportes teóricos para o estudo do comportamento e da aprendizagem humana.

Desde o início, a psicologia (Mayer, 1977) procurou, experimentalmente, analisar os processos cognitivos dos quais são dotados os seres humanos. Assim, foram analisadas as relações entre a sensação, a percepção, a aprendizagem, a memória e o pensamento. Os estudos, cerne da psicologia cognitiva, eram sempre realizados através da observação da entrada de estímulos e informações e de como eram processados. Constatou-se que cada tópico do processo cognitivo relaciona-se com a manipulação ativa de informações, cada um envolvendo o pensamento.

Durante a evolução desses estudos, cada teórico defendia sua posição e definia como prioridade um dos processos cognitivos, enfatizando o papel da resolução de problemas, ora na memória, ora na percepção, ora na aprendizagem. Cada estudioso colocava sua teoria a serviço da educação.

Habitualmente, mencionava-se como critério diferenciador, na relação da psicologia com a educação, a dicotomia entre os aspectos estruturais e os aspectos funcionais, explicados pela genética (Mayer, 1977). Existem aplicações que repousam nos estágios de desenvolvimento; outros, mais recentes, nas concepções construtivistas e interacionistas do conhecimento.

A psicologia da educação situa este estudo entre uma área que é de pesquisa básica e outra que é um campo de aplicação, sempre com aplicabilidade no processo ensino-aprendizagem.

O fato é que cada estudo realizado se reporta sempre a uma doutrina filosófica.

Por volta do século XIX, a filosofia dominante dos processos mentais era a do Associacionismo. Como todos os psicólogos que estudavam a teoria do desenvolvimento cognitivo, Vygotsky também a analisou e interpretou, contextualizando sua argumentação.

Como já foi dito, todo conhecimento humano tem seu início nos grandes filósofos. Portanto, não poderíamos deixar de falar nos artífices desse conhecimento, tomando por base Gaarder (1995).

O pensamento filosófico tem, como uma das características, a busca constante de conhecimento. O conhecimento é um processo infinito com verdades parciais, que podem ser superadas, transformadas e vistas como pontos de partida para novos conhecimentos. Sentindo a necessidade de fazer uma retrospectiva que nos leve a estudar a teoria vygotskyana a partir da construção do conhecimento humano pelos filósofos, tentaremos fazer um relato do pensamento filosófico ao longo de sua história.

Os filósofos não tinham a preocupação com o conhecimento da maneira que o concebemos hoje; voltavam-se para o Ser. Seus primeiros passos apresentavam uma forma científica de pensar a compreensão da natureza. Ao estudarem a natureza e o ser, eles buscavam conhecer a essência e a relação de um e de outro, sem a preocupação de analisar o processo por meio do qual o conhecimento acontece no indivíduo. As primeiras idéias sobre o infinito, o ar e a origem das coisas partem dos filósofos Tales, Anaximando e Anaxímenes.

Com os primeiros passos em direção ao Racionalismo, surgem as primeiras preocupações com o conhecimento, trazidas por Parvenedes, Heráclito e Demócrito. Suas idéias eram explicitadas por meio dos opostos: sentido-percepção, razãopensamento, acreditando que a verdade traria uma mudança contínua. Enfocando o processo de mudança do conhecimento, começa a ser firmado um pensamento filosófico que acreditava ser diferente o perceber e o pensar. Demócrito descobre o átomo, desenvolvendo um novo conhecimento sobre a natureza e o homem, surgindo, assim, o Atomismo.

A partir daí, começam a aparecer os filósofos mais ligados ao estudo do conhecimento. Surge, então, Sócrates que passa a estudar o homem e sua posição na sociedade. Platão, por meio de quem se conhece as idéias filosóficas de Sócrates, afirmava que, ao ensinar, ele dava a impressão de querer, ele próprio, aprender com o interlocutor. Sócrates dialogava, discutia, perguntava como se nada soubesse, levava o interlocutor a ver os pontos fracos de suas reflexões. Acreditava que o conhecimento vem de dentro, e que só este é capaz de mostrar o verdadeiro discernimento. Ele procurava tirar de seus interlocutores aquilo que considerava verdadeiro. Ajudava as pessoas a "parir" sua própria opinião, acreditando no poder da razão e na utilizando a linguagem como forma de persuasão. Talvez, aqui, já pudéssemos vislumbrar a mediação trazida por Vygotsky. Sócrates, como pai da filosofia, deixa seguidores, dos quais o mais importante é Platão.

Nesta ocasião, surge a primeira escola de filosofia, chamada Academos. É nessa escola, cujo nome é oriundo de academia, que começam a se instituir as disciplinas acadêmicas, dando um aspecto formal, no qual o conhecimento é pensado de forma estrutural. O ensino é caracterizado pela linguagem dos diálogos. Vemos os primeiros jardins de infância na época de Platão.

Com Aristóteles, filósofo e biólogo grego, surge a teoria de que a razão nasce com o homem, sendo inata, e as idéias são adquiridas. Fundou, assim, a ciência da lógica, estabelecendo conceitos, organizando idéias, criando a máxima de que só o homem tem a capacidade de pensar racionalmente. Ele acreditava que é importante se ter a capacidade de organizar os fatos para compreender.

Começam a ser discutidas e estudadas fontes e formas de conhecimento, já com a intenção da criação de uma teoria. Para os filósofos de então se constituía prioridade o estudo de sensação, percepção, imaginação, memória, raciocínio, intuição, processos psicológicos estudados por Vygotsky.

Conceitos que diferenciam alguns termos, usados na época, surgem, tais como: distinção entre saber e opinião; aparência e essência. São discutidas as formas de conhecimento verdadeiro, analisando idéias, conceitos e juízos; procedimentos são viabilizados para se alcançar o conhecimento. Pela indução, dedução e intuição chegam à definição de campos de conhecimento verdadeiros, classificando-os como teórico, prático e técnico.

Na Idade Média, surgiram as primeiras escolas em conventos, sob a orientação da igreja cristã. Também aparecem as primeiras faculdades com diferentes áreas de saber. Vemos, nessa ocasião, Santo Agostinho respondendo às questões por meio da fé; São Tomás de Aquino, influenciado por Aristóteles, apregoando que existiam dois caminhos que levavam a Deus: a fé e o conhecimento.

Com o Renascimento, desenvolve-se a arte e a cultura. O homem torna-se o centro das discussões. Delineiam-se os objetivos pedagógicos, levantando o lema de que o homem deve ser educado para tornar-se humano. A teologia cristã atinge seu apogeu. Fala-se em libertação, em natureza, em um novo método científico. Novamente há um resgate do papel do conhecimento, por meio das artes, das letras, da filosofia e da política.

Encontramos, aí, uma teoria do conhecimento que estabelece relação entre o sujeito e o objeto do conhecimento, entre pensamento e coisa, entre consciência (interior) e realidade (exterior), fundamentação também defendida, posteriormente, por Vygotsky.

Surgem os filósofos modernos, como Francis Bacon que dá ênfase ao conhecimento, afirmando que "saber é poder"; Descartes, com a afirmativa que a razão é o único meio de se chegar ao conhecimento e reforçando a questão do inatismo trazida por Aristóteles.

Questões importantes são levantadas com relação ao dualismo do homem, em corpo e alma. John Locke cria uma teoria do conhecimento, na qual analisa novas formas de conhecimento, como elas surgem, a origem de nossas idéias e a relação entre o sujeito e o objeto do conhecimento. Sua concepção era diferente de Platão e Descartes, uma vez que separava a razão da percepção. A orientação de John Locke era voltada para o racionalismo e o empirismo. Como narra Gaarder, em *O Mundo de Sofia*, "Muitos filósofos passaram a defender, então, a opinião de que nossa mente é totalmente vazia de conteúdo, enquanto não vivemos uma experiência sensorial. Esta visão é chamada de empirismo" (1995, p. 281).

Adiante, explica:

> Um empírico deriva todo o seu conhecimento do mundo daquilo que lhe dizem os seus sentidos. A formulação clássica de uma postura empírica vem de Aristóteles, para quem nada há na mente que já não tenha passado pelos sentidos. Esta idéia contém uma severa crítica a Platão, para quem o homem, ao vir ao mundo, trazia consigo idéias inatas do mundo das idéias. Locke repetiu as palavras de Aristóteles, mas o destinatário de suas críticas era Descartes.

Os seguidores de John Locke desenvolvem esta concepção empírica da mente, cuja ênfase da origem das idéias se dava em função das sensações, produto de estimulação do ambiente.

A partir da Revolução Francesa, surge o Iluminismo, tendo como premissa dar conhecimento à população para, por meio da luta, conquistar seus direitos e definir seus deveres, posição semelhante à de Vygotsky. A principal figura dessa época foi Kant. Para ele, os racionalistas atribuíam uma importância muito grande à razão, e os empíricos eram muito parciais quando defendiam a experiência centrada nos sentidos. Os kantianos asseguravam que as idéias eram referentes ao espaço e tempo, bem como aos conceitos de quantidade, qualidade e relação tinham sua origem na mente humana, não podendo ser decompostas em elementos mais simples.

Tanto a filosofia de John Locke quanto a de Kant tinham, como embasamento teórico, os trabalhos de Descartes, que apregoava ser o estudo científico do homem restrito ao corpo físico e que cabia à filosofia o estudo da alma.

No fim do século XIX, as teorias de Darwin, Fechner e Schenov se tornam essenciais para o estudo do pensamento psicológico. Darwin expôs a presença de uma continuidade essencial, demostrando a evolução do homem a partir de outros animais; Fechner detalhava uma relação entre os vários eventos físicos que podiam ser determinados e suas conseqüentes respostas psíquicas, expressas pela linguagem; Schenov dizia que havia bases fisiológicas que ligavam o estudo científico natural de animais aos estudos fisiológicos humanos. Nesta teoria, já se vislumbra uma filosofia materialista.

Com o Romantismo, expresso pela arte, reforça-se o papel do sentido, da imaginação e dos anseios, exaltando o brincar e o jogar como uma capacidade cognitiva, de onde surge a aprendizagem; aqui também já se vislumbra o pensamento vygotskiano.

Outros filósofos surgiram com uma visão idealista, como o caso de Hegel, que analisa o conhecimento pelo tempo histórico e pela evolução dialética. Já aparece a noção de que a Razão só se concretiza através da interação com as pessoas, numa dinâmica processual. Percebem-se, aí, as raízes do interacionismo de Vygotsky

Desenvolvendo a tese político-econômica, começa a surgir a teoria de Marx que, por meio do pensamento e da consciência, viabilizava uma forma de modificar o mundo, analisando as condições materiais e as relações de produção. Marx teve seu pensamento influenciado por Hegel, embora tenha se distanciado da noção hegeliana de espírito universal, que seria o idealismo. Marx alegava que os filósofos sempre tentavam interpretar o mundo, mas nunca transformá-lo. É esse seu pensamento que irá produzir uma virada muito significativa na história da filosofia. É, portanto, o pensamento marxista estruturado com um objetivo prático e político. Marx era, além de filósofo, historiador, sociólogo e economista. Em função desses conhecimentos, Marx acreditava que eram as condições materiais da vida de uma sociedade que determinavam o pensamento e a consciência das pessoas; que essas condições materiais eram decisivas para a evolução da história. Isso o fez conhecido como um filósofo materialista histórico. Para ele, as bases de uma sociedade são as relações materiais, econômicas e sociais, enquanto o modo de pensar, as instituições políticas, as leis, a religião, a moral, a arte, a filosofia e a ciência se constituíam no que ele chamava de superestrutura. Mas ele reconhecia que entre a base e a superestrutura de uma sociedade existe uma interação, uma tensão, denominada depois de materialismo dialético. Todas essas idéias marxistas tiveram um papel muito significativo na teoria de Vygotsky sobre o desenvolvimento cognitivo.

O conceito-chave do Existencialismo era a existência, investigando a essência, a natureza do ser e da coisa, numa visão moderna dos primeiros filósofos. Neste retrospecto filosófico, baseado na preciosa informação que nos oferece Gaarder (1995), poderemos com mais propriedade e, fazendo uma projeção, discorrer sobre os modernos pensadores e psicólogos.

Começam a aparecer, neste cenário, várias concepções de desenvolvimento, de inteligência, de conhecimento, de aprendizagem, que trilham caminhos diferentes. Destas, destacamos as de Piaget, Vygotsky e Bruner, que se esmeram no estudo e na análise de como se dá o processo ensino-aprendizagem do homem, pesquisando e estudando como se processa o desenvolvimento cognitivo.

Por termos escolhido discorrer sobre a teoria de Vygoysky, não poderíamos deixar de trazer o ambiente sócio-histórico-cultural no qual se deu a construção de suas idéias, a fim de compreender melhor seus conceitos, suas relações, suas definições e suas conclusões, tentando, assim, estabelecer uma relação entre sua teoria do desenvolvimento cognitivo e a aprendizagem.

Ambiente sócio-histórico-cultural

Lev Semenovich Vygotsky (1896-1934) teve sua educação primária realizada em sua própria casa. Quem cuidou dos seus primeiros ensinamentos foi um matemático de nome Salomon Ashpiz, que durante muito tempo ficou exilado na Sibéria, por sua participação nos movimentos revolucionários de então. As aulas desse matemático eram repassadas apenas para alguns alunos privilegiados; fazia uso de um método que se assemelhava aos diálogos de Sócrates (Rivière, 1988; Blanck, 1993, ambos citados em Baquero, 1998). Esse é um detalhe bastante significativo na formação das idéias e, conseqüentemente, dos conceitos que Vygotsky viria a desenvolver. Ele tinha o privilégio de ser membro de uma família com situação econômica razoável, diríamos até confortável, além de ser bem dotado intelectual e culturalmente. Sua casa era farta de livros. Havia um diálogo entre seu pai e os filhos, que se realizava em reuniões de grupo. Este fato dá a Vygotsky um grande estímulo intelectual, fazendo-o interessar-se pela reflexão e estudo em várias áreas do conhecimento. Sua formação básica foi toda realizada em casa, e só aos 15 anos ingressou numa escola. Em 1913, conclui seu curso secundário e, em 1917, forma-se em direito pela Universidade de Moscou. Realizou, ainda, estudos de medicina, devido ao seu interesse pela neurologia.

Quando Vygotsky se impõe como uma importante figura no campo da psicologia, o nome mais proeminente era o de Ivan Pavlov (juntamente com John B. Watson), que era adepto das teorias comportamentalistas, as quais privilegiavam a associação do estímulo-resposta, cuja estratégia básica consistia em identificar as unidades da atividade humana, baseada num modelo atomístico, ou seja, fragmentado composto de relações lineares de causa e efeito, numa tentativa de explicar os processos cognitivos (Beyer, 1996). Watson, em 1913, nos Estados Unidos, traz para a educação uma nova teoria, que ficou conhecida como *behaviorismo*. Lima (1990) aponta que Watson considerava o *behaviorismo* uma psicologia experimental, objetiva, científica e determinista, que buscava sua fonte no comportamento diretamente observável.

Vygotsky faz uso de uma concepção histórica, da qual é adepto, transportando-a para o estudo da ciência, da psicologia e da história da psicologia. Utiliza-se do marxismo dialético para desenvolver suas pesquisas. O uso que o autor faz da história não se restringe apenas à história da filogenética, nem à história do desenvolvimento da cultura dos povos, e, ainda, vai além da história da ontogenética. Vygotsky faz sua análise do desenvolvimento histórico da psicologia, estabelecendo instrumentos conceituais que possibilitem uma análise histórica da ciência (Moll, 1996).

Vygotsky e Wallon mantêm, em suas obras, a cultura como elemento importante na constituição do desenvolvimento humano. Exatamente nas obras destes dois teóricos é que vamos encontrar as mais profícuas discussões sobre o processo de constituição do sujeito e sobre a construção do conhecimento. E é Vygotsky que irá instituir que "as funções mentais superiores são produto do desenvolvimento sócio-histórico da espécie, sendo que a linguagem funciona como mediadora" (Lima, 1990 – Em aberto – Enfoque). Sua teoria fica conhecida como sócio-interacionista.

Já quando estudante da Universidade de Moscou (Moll, 1996), lia bastante os temas referentes à lingüística, às ciências sociais, à psicologia, à filosofia e às artes. Em 1924, participa do Segundo Congresso de Psiconeurologia, em Leningrado, onde se instala seu período de produção declaradamente psicológica. Conclama a necessidade de se tomar a consciência como objeto de investigação, visando uma psicologia objetiva, a fim de atender mais propriamente o chamamento do governo de seu país. Nessa época, o Estado Soviético conclama todos os cidadãos a erradicarem o analfabetismo no país e realiza, em 1922, um Congresso em Moscou, onde foi instituído um programa para extinção do analfabetismo. Este programa se prolongou por muito tempo.

Em 1924, Vygotsky é convidado a fazer parte do Instituto de Psicologia de Moscou, dirigido por Kosnilov (autor do convite), que propunha um programa no qual a psicologia era baseada no materialismo dialético. Junto com Alexandre Luria e Aléxis Leontiev, forma um grupo, "troika", cujo projeto de trabalho era estudar a psicologia sob bases genuinamente marxistas, em franca oposição ao desenvolvimento behaviorista.

Sua tese de doutorado – "Psicologia da Arte" – é um libelo de sua criação artística. Aí, começa-se a esboçar alguns problemas que se desenvolverão ao longo de sua obra. O autor fala em funções psicológicas superiores e inferiores e sobre a importância da mediação na constituição das funções superiores.

No seu texto "O significado histórico da crise da psicologia" (1927), Vygotsky destaca a necessidade de se constituir uma metodologia geral, não reduzida a uma única lógica geral da pesquisa. Ele se referia à relação entre a psicologia científica e a filosofia marxista. Para ele, era necessário desenvolver princípios gerais de caráter psicológico. Estabelecia categorias, nas quais deveria haver uma relação entre o organismo com suas leis naturais e os produtos superiores histórico-culturais do psiquismo humano. Utilizou a dialética como forma de investigar e teorizar o que ele chamava de materialismo psicológico.

Depois da Revolução Socialista de 1917, muitas opiniões controvertidas foram implantadas na União Soviética, as quais se refletiam no pensamento científico de então e, principalmente, na proposta educacional do país.

Assim é que, em meio a uma grande onda filosófica marxista, a teoria vygotskiana surge através de suas pesquisas e de seus estudos sobre o desenvolvimento cognitivo. Vygotsky sempre esteve envolvido com os assuntos referentes à educação. Sua própria trajetória profissional mostra isto. Foi professor de literatura, docente de uma escola superior para treinamento de professores, e todas as suas pesquisas na área da psicologia estavam voltadas para a pedagogia. Considerado um homem com pensamentos sempre à frente de seu tempo, foi solicitado a fazer parte do programa de educação do governo revolucionário de seu país, tendo, também, distanciado-se das idéias do programa de governo, quando este ficou para trás em relação aos preceitos que as teorias vygotskianas defendiam. Segundo Oliveira (1993), alguns postulados marxistas tiveram influência na obra do autor:

a) O modo de produção da vida material é o condicionador da vida política, social e espiritual do homem;
b) O homem é um ser histórico, construído pela interação com o mundo natural e social;
c) A sociedade humana constitui-se em um sistema dinâmico e contraditório, em constante processo de mudança e em desenvolvimento;
d) As transformações ocorrem por intermédio da "síntese dialética", da qual, de elementos contextualizados, fenômenos emergem.

Depois de falarmos sobre este contexto sócio-histórico-cultural, marca importante na obra do autor, procuraremos desenvolver uma linha de pensamento, apresentando o que Vygotsky construiu sobre os processos psicológicos superiores.

Processos psicológicos superiores

Os processos psicológicos superiores têm uma origem histórica e social. Estes processos tiveram sua natureza histórica adaptada das idéias desenvolvidas por Marx e Engels, e estão embasados na teoria sócio-histórica, cujo princípio básico era a participação do sujeito em atividades compartilhadas com outros. O desenvolvimento dos processos psicológicos superiores era analisado a partir da internalização das práticas sociais de cada indivíduo, sendo, portanto, culturalmente organizado. Transpondo essa característica para a aprendizagem, observa-se que no contexto de ensino será um momento interno e necessário.

Os processos psicológicos superiores (Lúria, 1987) se constituíam em ações conseqüentemente controladas, atenção voluntária, memorização ativa, pensamento abstrato e linguagem que, segundo Baquero (1998), parecem desempenhar dois papéis:

a) exemplo paradigmático de processo psicológico superior em cuja formação pode-se descrever com clareza a natureza dos processos de interiorização com a conseqüente reconstrução interna do PPS;
b) constituir-se no instrumento central de mediação que possui um lugar privilegiado na interiorização dos processos psicológicos superiores. (p. 33)

Esses processos são especificamente humanos, já que são histórica e socialmente constituídos. Há uma pressuposição da existência de processos elementares, embora não seja condição necessária para o surgimento dos processos psicológicos superiores, não sendo estes um estado avançado dos elementares, mesmo que estes convertam-se em superiores.

Os processos psicológicos superiores se diferenciam dos processos elementares – citados por Oliveira (1993), como ações reflexas, reações automáticas, processos de associação simples entre eventos – por serem sociais e específicos do homem; regulam sua ação por um controle voluntário, não sendo dependentes nem controlados pelo meio ambiente; estão regulados conscientemente e necessitam dessa regulação para se constituírem; precisam do instrumento da mediação para se organizarem, sendo a mediação semiótica a mais importante.

Vygotsky (1987) faz, ainda, uma diferenciação entre processos psicológicos superiores rudimentares e processos psicológicos superiores avançados. Nos primeiros, ele colocaria a linguagem oral, como processo psicológico superior adquirido na vida social mais ampla e por toda a espécie, e sendo produzido pela internalização de atividades sociais organizadas, por meio da fala. Nos processos psicológicos avançados, a busca de atributos segue vetores diferentes, porém relacionados e indissociáveis. Um vetor, ligado às suas características ou propriedades, outro ao modo de formação. Sua característica é possuir um maior grau de uso do instrumento da mediação, que vai se tornando independente do contexto, de regulação voluntária e de realização consciente. A linguagem escrita e seu domínio competente possuem mais esta característica do que a linguagem oral. O segundo vetor nos dá um indicador de que os processos psicológicos superiores avançados são adquiridos nos processos instituídos de socialização específicos. Exemplo disto são os processos de escolarização, uma vez que o domínio da leitura/escrita não é adquirido nos processos de socialização genéricos, tal qual a fala.

A diferença entre os processos psicológicos elementares superiores estaria nos domínios filogenético e sociocultural. A diferença entre os processos psicológicos superiores rudimentares, como por exemplo a linguagem oral adquirida na vida social "geral" e os avançados, que são processos adquiridos na socialização específica, como os processos escolares (o domínio da escrita, por exemplo), diz respeito às transições genéticas, ocorridas no âmbito de natureza biológica, inseridas no domínio sociocultural.

Para Vygotsky, havia duas linhas de desenvolvimento para explicar a constituição dos processos psicológicos, que pertenciam à ontogênese: uma linha cultural e uma linha natural de desenvolvimento. O que ganha primazia é a linha cultural, uma vez que se refere ao desenvolvimento humano, especificamente. No entanto, ambas as linhas exercem um papel complementar e uma primazia relativa.

Dentro do domínio ontogenético, foram desenvolvidos estudos sobre os processos de interiorização, sobre os instrumentos de mediação, tanto no cenário sociocultural quanto nos processos interpsicológicos. Vygotsky realiza seus estudos sempre em busca de compreender como se originam e se desenvolvem os processos psicológicos, não apenas na história da humanidade, como na história individual. Esse tipo de abordagem, conhecido como "abordagem genética", foi usado em outras teorias psicológicas. Segundo Kohl (1993), o termo "genética" não era referente à biologia, como transmissão de caracteres hereditários, mas, sim como "gênese – origem e processo de formação a partir dessa origem, constituição, geração de um ser ou de um fenômeno" (Kohl, 1993, p. 56).

Partindo desse breve relato sobre a origem dos processos psicológicos superiores, tem-se uma melhor compreensão do pensamento vygotskiano acerca da sua teoria sobre o desenvolvimento cognitivo, envolvida numa auréola de interação entre o indivíduo e seu ambiente cultural e social.

A interação e a linguagem têm um importante destaque no pensamento de Vygotsky, uma vez que irão contribuir significativamente para o desenvolvimento dos processos psicológicos, pela mediação.

A fala e a inteligência prática (Garton, 1952) desenvolvem-se paralelamente, em linhas separadas, durante os primeiros momentos da vida da criança, embora de forma convergente. Quando as crianças são observadas falando, enquanto estão resolvendo um problema, nota-se a primeira manifestação dessa convergência. Garton (1952, p. 93) descreve um exemplo apresentado por Vygotsky, acerca da observação – realizada por Levina – de uma criança de 4 anos e meio, tentado pegar um doce de um recipiente. Levina nota que a criança conversa; essa conversa acompanha a ação e serve para monitorar e regular a atividade, fato que é natural e necessário.

Este experimento demonstra dois fatos que são importantes:

1. a fala e a ação uniram-se com uma função psicológica, objetivando obter a solução do problema;
2. quanto mais complexa for a ação e quanto mais indireto for o objetivo, maior será o papel da fala nessa atividade. Para isso, a criança utiliza-se tanto da fala, quanto dos olhos e das mãos. A partir daí, pode-se considerar a linguagem egocêntrica e a fala social como instrumentos, envolvidos na resolução de problemas complexos, utilizados pelas crianças.

Com o tempo, a fala interpessoal desenvolve uma fala intrapessoal, e a criança com seus próprios recursos consegue resolver um problema. Com o desenvolvimento das funções intrapessoais da linguagem, vem a socialização das atividades práticas mentais.

A interação social (Garton, 1952) é fundamental em todo o processo de desenvolvimento da fala e no desenvolvimento das atividades práticas. Conseqüentemente, representa um papel importante para o desenvolvimento cognitivo e para o avanço da comunicação da criança, ambos propiciando, interativamente, o aprendizado.

A teoria do desenvolvimento cognitivo tem sido estudada por grandes pesquisadores psicólogos que construíram idéias, cujas contribuições foram valiosas para a aprendizagem. Falaremos a seguir sobre o desenvolvimento cognitivo à luz de Vygotsky.

O desenvolvimento cognitivo segundo Vygotsky

Durante muitos anos, a teoria vygotskiana foi considerada em segundo lugar; em primeiro lugar encontrava-se a teoria piagetiana. Piaget e Wallon dominaram as teorias genéticas do desenvolvimento psicológico durante as décadas de 1960 e 1970 (Sternberg, 1996). A partir daí, a obra vygotskiana ultrapassa a barreira político-ideológica, penetrando nos países além das fronteiras da União Soviética e Vygotsky ressurge no ocidente, e sua influência continua até os dias de hoje. Sua teoria, entretanto, não oferece uma visão da evolução psicológica do homem.

De suas valiosas idéias, duas são de especial importância para o processo ensino-aprendizagem:

a) a Internalização;
b) a Zona de Desenvolvimento Proximal.

Segundo Piaget (1987), a origem do desenvolvimento cognitivo dá-se de dentro para fora, ocorrendo em função da maturidade do sujeito. Esse autor considera que o ambiente poderá influenciar no desenvolvimento cognitivo, porém sua ênfase recai no aspecto biológico, ressaltando a maturidade do desenvolvimento. A abordagem de Vygotsky se contrapõe a de Piaget, uma vez que sua ênfase recai no papel do ambiente para o desenvolvimento intelectual da criança. Para Vygotsky, esse desenvolvimento seria, pois, especificamente, realizado de fora para dentro, pela internalização. Para ele, o conhecimento se dá dentro de um contexto e as influências sociais são mais importantes do que o aspecto biológico. Desta forma, para a teoria vygotskiana, o desenvolvimento ocorre em função da aprendizagem, pensamento contrário ao da teoria piagetiana que assegura ser a aprendizagem uma conseqüência do desenvolvimento.

A partir de suas pesquisas, Vygotsky constata que no cotidiano das crianças, elas observam o que os outros dizem, porque dizem, o que falam, porque falam, internalizando tudo o que é observado e se apropriando do que viram e ouviram. Recriam e conservam o que se passa ao seu redor. Em função desta constatação, Vygotsky afirma que a aprendizagem da criança se dá pelas interações com outras crianças de seu ambiente, determinando o que por ela é internalizado. Na internalização, todos os processos intrapsíquicos – as formas de funcionamento cognitivo dentro do sujeito – constroem-se a partir dos processos interpsíquicos, ocorridos pela vivência entre os sujeitos do mesmo grupo cultural, o que faz com que, paulatinamente, haja um processo de construção de estruturas lingüísticas e cognitivas pelo sujeito, mediado pelo grupo. Esta tese vygotskiana é bastante diferente da de Piaget, uma vez que os fatores socioculturais têm um peso acentuadamente significativo no desenvolvimento intelectual do sujeito.

Apesar da posição contrária que Vygotsky tinha de Piaget sobre a idéia da internalização, o teórico em estudo afirma que:

A psicologia deve muito a Piaget. Não é exagero afirmar que ele revolucionou o estudo da linguagem e do pensamento das crianças... Foi o primeiro pesquisador a estudar sistematicamente a percepção e a lógica infantis: além do mais, trouxe para o seu objeto de estudo uma nova abordagem, de amplitude e ousadia incomuns. Em vez de enumerar as deficiências do raciocínio infantil, em comparação com os adultos, Piaget concentrou-se nas características distintas do pensamento das crianças, naquilo que elas têm, e não naquilo que lhes falta (Vygotsky, 1987, p. 9).

A partir deste constructo de Piaget, qual seja, estudar as características do pensamento infantil e seus estágios de desenvolvimento, podemos observar que quando ele estuda a criança concentrando-se "naquilo que elas têm, e não naquilo que lhes falta", é dado o primeiro passo para a grande descoberta de Vygotsky – que vai ser da maior importância para o processo ensino-aprendizagem – que é seu estudo sobre a Zona de Desenvolvimento Proximal – ZDP.

Essa descoberta de Vygotsky é a segunda maior contribuição para a psicologia pedagógica e do desenvolvimento. Ela é também conhecida por Zona Potencial de Desenvolvimento – ZPD. A zona de desenvolvimento proximal é o potencial de capacidade que a criança possui e que a separa do nível de capacidade que é observável por meio de seu desempenho e sua capacidade latente.

Vygotsky (1987) considerava que a zona de desenvolvimento proximal representava o espaço entre o nível de desenvolvimento real, ou seja, aquele momento no qual a criança era capaz de resolver problemas sozinha, e o nível de desenvolvimento potencial, ou seja, aquele momento em que a resolução de problemas era feita pela criança com a ajuda de um companheiro ou com a orientação de um adulto.

Observamos naturalmente na criança o potencial com que desenvolve a capacidade de chegar à resolução de um problema. O quanto a criança já é capaz de fazer sozinha, pelo que já lhe foi ensinado, pela interação com o ambiente e pela internalização que realizou. Antes da teoria vygotskiana, os educadores ficavam inseguros acerca da forma como deveriam avaliar essa capacidade latente na criança. De um modo geral, as avaliações são realizadas de uma forma estática, levando em consideração as perguntas do examinador e as respostas dadas pela criança. O examinador continua sua pesquisa, sem levar em consideração se a resposta da criança foi correta ou incorreta. Esta é uma diferença fundamental nas pesquisas de Vygotsky. Ele se interessava não apenas pelas respostas corretas, mas, principalmente, pelas respostas incorretas. Assim é que "Vygotsky recomendava que passássemos de um ambiente de avaliação estático para um ambiente de avaliação dinâmico, no qual a interação entre criança e examinador não acaba quando ela responde, especialmente se responde incorretamente" (Sternberg, 1996, p. 386).

A idéia central da zona de desenvolvimento proximal implica a compreensão de outras idéias, tais como:

a) Aquilo que a criança realiza hoje com o auxílio de uma pessoa mais especializada, mais tarde poderá realizar com autonomia;

b) Essa autonomia na resolução do problema é conquistada pela criança por meio da assistência ou do auxílio de um adulto, ou de outra criança mais velha, formando uma relação dinâmica entre aprendizagem e desenvolvimento;

c) O conceito nos lembra a constituição dos processos psicológicos superiores;
d) Nem toda interação entre as pessoas gera desenvolvimento. Uma boa aprendizagem precede o desenvolvimento e cede lugar a uma reprodução.

Segundo Vygotsky (1987), a aprendizagem acelera processos evolutivos internos que são capazes de atuar quando a criança se encontra em interação com o meio ambiente e com outras pessoas. Porém, ressalta a importância de que esses processos sejam internalizados pela criança. Em sintonia com este pensamento, o autor reitera a não equivalência entre aprendizagem e desenvolvimento; que a aprendizagem torna-se desenvolvimento mental; que a aprendizagem, sendo um aspecto universal e necessário ao processo de desenvolvimento, é culturalmente organizada e é especificamente humana, pertencendo às funções psicológicas.

De início, o conceito de zona de desenvolvimento proximal estava ligado ao estudo das limitações da medição do coeficiente intelectual do sujeito. Mas a pesquisa empírica, segundo Vygotsky, já mostrava que esta mesma avaliação, utilizando-se o conceito de ZDP, dava maiores elementos, uma vez que podia predizer uma evolução dos coeficientes intelectuais. Mostrava, portanto, o potencial que o sujeito apresenta para solucionar um problema, hoje, com auxílio de outra pessoa e, mais tarde, sozinho, com autonomia. Ao introduzir o conceito de zona de desenvolvimento proximal, Vygotsky já afirmava que o sujeito poderia ser ajudado por parceiros mais competentes, mesmo que não fossem os adultos esses parceiros. Claro que para a educação, o papel deste parceiro é enfatizado na figura do adulto.

No processo de aprendizagem, o papel desse parceiro pode ser desempenhado pelos pares da criança, orientado pelo professor. Nas tarefas da pré-escola, as crianças se saem muito bem através de cópias de modelos, quer sejam de adultos, quer sejam pelo auxílio de crianças maiores. O que se tem provado é que as crianças, ao colaborarem com um adulto, especificamente com a mãe, têm mais probabilidade de executar com êxito alguma tarefa. Esse papel desempenhado pela mãe, nas primeiras aprendizagens da criança, vai se ampliar, com mais propriedade, na figura do professor, em sala de aula. Daí não podermos ignorar o papel desempenhado pelas crianças interagindo com outras pessoas, quer sejam pais, professores ou outras crianças maiores e mais experientes, tese defendida por Vygotsky nas suas pesquisas sobre o desenvolvimento cognitivo do sujeito, e que tem um papel significativo na aprendizagem. Vale ressaltar que não devemos deixar de dar atenção à contribuição dada pelas crianças, na busca das formas de interação que melhor se ajustem às suas necessidades.

A teoria vygotskiana da zona de desenvolvimento proximal, associada à teoria da construção do conhecimento piagetiana, reforça a idéia da interação e dá ao professor a responsabilidade sobre o processo de ensino-aprendizagem, no qual se evidencia uma parceria entre ensinante e aprendente. As crianças aprendem não por soluções dadas pelos adultos, mas por uma construção sua, sob a orientação do professor.

Vygotsky (1988) acreditava que a criança possui um nível evolutivo que é real, observável por meio de um teste, mas possui, também, um potencial para o desenvolvimento, sendo a zona de desenvolvimento proximal exatamente a diferença entre um e outro nível. Isso para a aprendizagem do sujeito tem um valor da maior importância, uma vez que dá ao mediador do processo de aprendizagem da criança a condição de seguir as etapas de pensamento e raciocínio percorridas, podendo intervir quando necessário e caminhar sem atropelar.

Ao fazer uso da mediação, Vygotsky traz para a educação a teoria marxista do uso de instrumentos na mediação das experiências dos homens no ambiente físico, conceito que teve grande impacto nas relações sociais entre as pessoas. Na aprendizagem, Vygotsky substituiu os instrumentos de trabalho por instrumentos psicológicos, explicando, dessa forma, a evolução dos processos naturais até alcançar os processos mentais superiores. Portanto,

> a linguagem, instrumento de imenso poder, assegura que significados lingüisticamente criados sejam significados compartilhados, significados sociais. Palavras que já têm significado para os membros maduros de um grupo cultural passam a ter, no processo de interação, o mesmo significado para os jovens do grupo (Moll, 1996, p. 153).

A partir dessas novas formas de pensar o pensamento da criança e de como este pensamento se desenvolve, uma nova forma de conceber como se dá o processo ensino-aprendizagem começa a ser investigada, estudada, usada, o que continua até nossos dias, e que muito tem contribuído para a educação de nossas crianças.

A forma de conceber o percurso transcorrido pelo indivíduo no seu processo de aprender vem através da mediação. Quando o professor, utilizando-se da mediação, consegue chegar à zona de desenvolvimento proximal, através dos "porquês" e dos "como", ele pode atingir formas pelas quais a instrução será mais útil para a criança. Dessa forma o professor terá condições de não só utilizar meios concretos, visuais, mas, com maior propriedade, fazer uso de recursos que se reportem ao pensamento abstrato, ajudando a criança a superar suas incapacidades. Vygotsky (1988) fala sobre o tema, quando afirma:

> a criança atrasada, abandonada a si mesma, não pode atingir nenhuma evolucionada de pensamento abstrato e, precisamente por isso, a tarefa concreta da escola consiste em fazer todos os esforços para encaminhar a criança nessa direção para devolver o que lhe falta (p. 113).

A importância dada à interação social no processo de construção das funções superiores e na construção do conhecimento não poderia deixar de ser considerada na escola, visto que o desenvolvimento de uma pessoa se dá num ambiente determinado e em relação com outra pessoa. Esta é uma cena característica do processo ensino-aprendizagem, testemunha importante da relação da teoria desenvolvimentista vygotskiana e da aprendizagem humana.

Relação entre desenvolvimento cognitivo e aprendizagem

Vygotsky (1988) estabelece que a relação entre desenvolvimento e aprendizagem na criança está agrupada em três categorias:

1. Há uma independência entre o processo de desenvolvimento e o processo de aprendizagem. A aprendizagem é um ato que se processa do exterior que, de alguma

forma, é paralelo ao processo de desenvolvimento, sem, contudo ter uma participação ativa, não o modificando. Segundo Vygotsky, "a aprendizagem utiliza os resultados do desenvolvimento, em vez de se adiantar ao seu curso e de mudar a sua direção", e continua dando como exemplo "a concepção – extremamente completa e interessante – de Piaget, que estuda o desenvolvimento do pensamento da criança de forma completamente independente do processo de aprendizagem" (1988, p. 103)

Não é por meio da aprendizagem escolar que a criança desenvolve sua capacidade de raciocinar. Esta tese defende que a aprendizagem ocorre depois do desenvolvimento, assim como é preciso que haja maturação para que haja aprendizagem; o processo de aprendizagem vem sempre depois. Vygotsky (1998b) cita um dos clássicos da literatura psicológica, adepto desta categoria, afirmando: "(...) Binet e outros admitem que o desenvolvimento é sempre um pré-requisito para o aprendizado e que, se as funções mentais de uma criança (operações intelectuais) não amadurecem a ponto de ela ser capaz de aprender um assunto particular, então nenhum instrumento se mostrará útil" (p. 104).

Para Vygotsky (1998a), os adeptos desta categoria consideram que o educador deve encontrar um momento no qual uma nova instrução possa ser possível.

2. Outra proposição é a de que aprendizagem é desenvolvimento. Essa é uma tese que se contrapõe à tese da independência. Há um valor atribuído à aprendizagem superior ao desenvolvimento da criança.

No entanto, as duas teses têm em comum conceitos fundamentais e são parecidas. James (in Vygotsky, 1988, p. 105) define a educação "como a organização de hábitos de comportamento e de inclinação para a ação". O desenvolvimento seria assim "uma acumulação de reações". Contudo, Vygotsky considera uma diferença fundamental entre as duas teses: a relação temporal entre o processo de aprendizagem e o processo de desenvolvimento. Esta tese não superpõe um tempo entre o processo de desenvolvimento e o processo de aprendizagem. Aqui, o desenvolvimento é paralelo à aprendizagem, mas há uma identificação entre desenvolvimento e aprendizagem tão exagerada, que pouco se diferencia da tese da independência.

3. Essa tese procura conciliar as duas anteriores. Considera que há uma independência, mas também há uma coincidência entre aprendizagem e desenvolvimento. É, portanto, uma teoria dualista do desenvolvimento, ou seja, independente, mas coincidente dos dois processos. Dessa teoria, o exemplo de defensor, citado por Vygotsky, é o de Koffka, que apesar de ter deixado inconclusa sua teoria, defende que o processo de maturação prepara e torna possível um processo específico de aprendizado (Vygotsky, 1988, p. 106).

Para Vygotsky, já no nascimento da criança, há uma relação entre aprendizagem e desenvolvimento. Mesmo concordando que o desenvolvimento é construído, em parte, pelo processo de maturação do sujeito, assegura que é a aprendizagem que viabiliza o surgimento dos processos psicológicos internos, e que estes ocorrem graças à interação do indivíduo com o ambiente cultural.

O exemplo do aprendizado da leitura e da escrita é bem característico desta abordagem vygotskiana. Se o sujeito se isola num ambiente cultural, onde não se faça uso da escrita, ele não será alfabetizado. Isso porque o processo de aprendizado da leitura/escrita somente seria possível num ambiente sociocultural viável, onde poder-se-ia despertar processos de desenvolvimento internos do sujeito capazes de permitir a aquisição da leitura e da escrita, conforme nos diz Oliveira (1993, p. 56).

Vygotsky (1988), ao rejeitar as três posições teóricas acima referidas, afirma a complexidade do problema em discussão, reacende o fato de que o aprendizado da criança não começa na escola, que toda situação de aprendizagem escolar se defronta sempre com uma história de aprendizagem prévia. Com estes preâmbulos, Vygotsky retoma o tema da zona de desenvolvimento proximal e sua relação com a aprendizagem.

A zona de desenvolvimento proximal é a mola mestra da teoria vygotskiana. Com ela, conecta-se o processo de desenvolvimento do indivíduo por meio de sua interação com o contexto social e cultural, fortalecendo o organismo que se desenvolve pelo contato com as suas circunstâncias. Quando o sujeito se encontra num momento no qual ele já é capaz de resolver problemas sozinho, em que é capaz de elaborar mentalmente um problema, a ação externa não se faz tão necessária. No entanto, é na zona de desenvolvimento proximal que mais o sujeito recebe influência propulsora de seu desenvolvimento. Por outro lado, é preciso que o sujeito se encontre exatamente nesta fase para que possa usufruir de suas circunstâncias.

É aí, pois, que mais se observa, que mais se faz sentir a relação existente entre o desenvolvimento do indivíduo e seu processo de aprendizagem. O professor, atento a estas questões, dá à escola um papel de fundamental importância na construção e na elaboração dos processos mentais do indivíduo adulto. Daí afirmar Vygotsky que "o único tipo de aprendizado é aquele que caminha à frente do desenvolvimento, servindo-lhe de guia; deve voltar-se não tanto para as funções já maduras, mas principalmente para as funções em amadurecimento" (1987, p. 89);

A idéia do autor sobre a zona de desenvolvimento proximal é trabalhada na escola constante e intencionalmente, por ser na escola onde se observa uma situação estruturada e comprometida com a evolução dos processos de desenvolvimento e da aprendizagem do aprendente. Porém, Vygotsky trabalha também com outras situações, nas quais se dá a relação com o desenvolvimento infantil, no caso, o brinquedo. O autor faz uma comparação entre a situação escolar e a situação de brincadeira que, mesmo sem função clara de desenvolver as funções superiores, cria uma zona de desenvolvimento proximal, não só pela situação imaginária, como também ao definir regras específicas, propiciando uma nova aprendizagem.

Assim é que Vygotsky (1988) retoma a palavra neste trabalho, para dizer que: "A relação entre ambos os processos pode representar-se esquematicamente por meio de dois círculos concêntricos; o pequeno representa o processo de aprendizagem e o maior, o do desenvolvimento, que se estende para além da aprendizagem (p. 109).

CONSIDERAÇÕES FINAIS

Retomaremos alguns aspectos que ressaltamos como de fundamental importância para o tema aqui descrito. De acordo com o pensamento vygotskiano, há uma transformação do homem, como ser biológico, em homem como ser social, que se efetua por meio de um processo de internalização de suas atividades, de seus comportamentos e dos símbolos que ele adquire ao longo de uma relação com a cultura. Como o próprio Vygotsky não deixou resolvida a questão da relação do desenvolvimento cognitivo com as questões da educação, o estudo de sua obra nos leva a refletir sobre como funciona o pensamento humano e como se aplica este estudo à ação pedagógica.

Na relação entre desenvolvimento e aprendizagem, Vygotsky esquematiza três categorias fundamentais. A primeira pressupõe a independência que existe entre o processo de desenvolvimento e o processo de aprendizagem. Aqui, a aprendizagem é um processo exterior, paralelo ao processo de desenvolvimento da criança. A aprendizagem utiliza os resultados do desenvolvimento, como no caso do estudo feito por Piaget que analisa o desenvolvimento do pensamento da criança, independente do processo de aprendizagem. A segunda caracterização pressupõe que a aprendizagem é desenvolvimento. Aqui, é considerado que as leis de desenvolvimento são leis naturais, não podendo o ensino mudá-las. A terceira caracterização procura conciliar as duas primeiras, mas acredita que são os dois processos independentes, mas coincidentes. No entanto, este grupo de caracterização envolve três aspectos: no primeiro, há o ponto comum entre os dois desenvolvimentos; o segundo refere-se à interdependência entre os dois processos; e no terceiro é ressaltada a ampliação do papel da aprendizagem no processo de desenvolvimento da criança. Com este conhecimento, o educador terá subsídios para refletir sobre sua ação pedagógica.

Outra grande e importante teoria, levantada por Vygotsky, e que dá um enorme impulso ao aprendizado da criança, é a área de desenvolvimento proximal. Os testes que mediam o nível de desenvolvimento da criança só estabelecem o seu desenvolvimento real, não observando a capacidade potencial da criança para aprender, o que limita essa avaliação a um único nível.

Ao serem observados dois níveis – o nível real e o nível proximal –, cria-se uma área de atuação infinitamente maior para se conduzir a aprendizagem da criança a um momento desejável. Assim, o nível de desenvolvimento proximal, chamado por Vygotsky de zona de desenvolvimento proximal, permite estabelecer a instrução que a criança é capaz de assimilar com a ajuda do adulto, ou um parceiro mais adiantado, podendo, futuramente, resolver problemas, encontrar soluções por si própria, sem a ajuda anterior.

Essa é a grande diferença entre o ponto de vista tradicional de encarar o desempenho da criança, e o ponto de vista de Vygotsky de conduzir seus estudos. Sob essa ótica, a única indicação possível do grau de desenvolvimento psicointelectual é aquela que demonstra ser a criança capaz de realizar uma atividade sozinha, de forma independente. Este fato tira a possibilidade de participação do professor no processo de aprendizagem do aluno, limitando a ação interacional deste processo.

A partir do pressuposto da zona de desenvolvimento proximal, o professor passa a atuar como mediador, permitindo indagações, questionamentos. Na mediação, as funções psicointelectuais superiores aparecem primeiro nas atividades coletivas, sociais, isto é, como funções interpsíquicas e, depois, nas atividades individuais, com a apropriação interna do pensamento da criança, caracterizando as funções intrapsíquicas. Assim é que o desenvolvimento da linguagem se origina primeiramente como o meio de comunicação entre a criança e as pessoas ao seu redor; depois, ao se converter em linguagem interna, transforma-se em função mental interna que irá servir de elemento para o pensamento da criança.

Com esses indicadores teóricos, pode-se ver que o processo de desenvolvimento segue o processo de aprendizagem, o que demonstra uma relação entre desenvolvimento e aprendizagem inversa àquela proposta por Piaget.

Tomando como base a teoria vygotskiana, a aprendizagem é vista como um processo, em que a ação do sujeito que aprende, a sua participação na construção do seu conhecimento é muito importante.

A atuação do professor como mediador leva a criança a um estilo cognitivo diferente daquele que a leva ao fracasso na sua aprendizagem. O professor-mediador representa aquele que se situa como acolhedor das respostas da criança, uma vez que busca compreender o caminho que percorre para chegar à solução do problema, desencadeando o sentimento de competência na criança.

Gostaríamos de falar sobre a metacognição por ser um mecanismo mobilizador de mudanças. A metacognição refere-se à capacidade de o indivíduo pensar não só sobre seus próprios pensamentos e processos mentais, como refletir sobre o pensamento dos outros. Ao ativar o processo de raciocínio, ele desenvolve "habilidades de auto-regulação e gerenciamento, sendo útil para explicar, tanto para si como para o outro, suas hipóteses e estratégias: sendo relevante na descoberta de incongruências de raciocínio e no redirecionamento do pensamento" (Spinillo, 1999, p. 69).

Este processo se dá numa situação de aprendizagem mediada, uma vez que a criança sozinha não seria capaz de refletir desta forma. Assim, a metacognição propicia o desenvolvimento e gera ganhos cognitivos.

É a partir do dito por Spinillo (1999) que concluímos ser de importância fundamental que a ação pedagógica seja paralela ao estudo das teorias sobre o desenvolvimento cognitivo, particularmente a de Vygotsky, a fim de que educadores possam trilhar um caminho que leve o educando a uma condição adequada de resolução de problemas. Esse caminho seria aquele em que a escola fosse organizada e programada, de acordo com a expressão de um modo de vida intelectual e moral, com um clima cultural difundido em toda sociedade, retornando aos filósofos, que mantinham a participação ativa dos alunos nas suas escolas. Isso somente poderá ocorrer quando a escola estiver funcionando em consonância com a vida. Um caminho no qual o professor perceba que a consciência da criança não é só individual, porém o reflexo de uma sociedade da qual participa, das relações existentes na família, na vizinhança, na escola etc. Está, portanto, inserida numa cultura que, às vezes, é antagônica àquelas refletidas nos programas escolares.

Para concluir, diríamos, como Vitor da Fonseca (1998), que "a criança como ser humano é um ser aberto à mudança, apresenta potencialidades para modificar-se pelos efeitos da educação e, mudando sua estrutura de informação, pode adquirir novas possibilidades e novas capacidades" (p. 118).

2

Paradigmas no desenvolvimento da psicopedagogia

Minha escola

"A Escola que eu freqüentava era cheia de grades
como as prisões.
E o meu mestre carrancudo como um Dicionário;
Complicado como as Matemáticas;
Inacessível como os Lusíadas de Camões!

À sua porta eu estava sempre hesitante...
De um lado a vida... – A minha adorável vida de
criança:
Pinhões... Papagaios... Carreiras ao sol...
Vôos de trapézio à sombra da mangueira!
Saltos da Ingazeira pra dentro do rio...
Jogos de castanha...
O meu engenho de barro de fazer mel!

Do outro lado aquela tortura:
"As armas e os barões assinalados!"
Quantas Orações?
Qual é o maior rio da China?
A2 + 2AB = quanto?

Qual é o curvilíneo, convexo?
Menino venha dar a lição de retórica!
"Eu começo, ateniense, invocando
a proteção dos Deuses do Olimpo
para os destinos da Grécia!"

Muito bem! Isto é do grande Demóstenes!
Agora a de francês:
"Quand le christianisme avait apparu sur la terre..."

Basta.
Hoje temos sabatina...
O argumento é a bolo!
Qual a distância da Terra ao sol?
? !!
Não sabe? Passe a mão à palmatória!
Bem, amanhã quero isso de cor...

Felizmente à boca da noite,
eu tinha uma velha que me contava histórias...
Lindas histórias do reino da Mãe d'Água...
E me ensinava a tomar a bênção à lua nova".

Ascenso Ferreira
(1963, p 39)

Seguindo a situação histórica de sua evolução, a psicopedagogia atua inicialmente com uma conotação curativa, uma vez que era usada para caracterizar uma prática terapêutica, apoiada no modelo médico de tratamento de crianças que apresentavam fracasso escolar.

A preocupação com o assunto surge no século XIX, por meio do interesse e do atendimento de crianças portadoras de distúrbios sensoriais, déficit mental e outros problemas testáveis que prejudicavam o processo de aprendizagem. A ação psicopedagógica enfocava a reeducação como forma de tratamento dessas crianças. Assim, surge em 1898, nas escolas públicas, as "classes especiais", dedicadas à educação dos portadores de deficiências. Esse registro marca o início das primeiras consultas em conjunto de médicos e pedagogos, profissionais que encaminhavam as crianças para as classes especiais.

Em 1948 (Bossa, 1994), o termo curativo passa a ser definido como terapêutico, em cujo atendimento são introduzidos também crianças e adolescentes desadaptados, com bom nível de inteligência, porém com resultados insatisfatórios na escola.

O que podemos observar é que as concepções dos problemas de aprendizagem seguiam o paradigma da época. Assim é que encontramos vários olhares, vários enfoques dirigidos à problemática da aprendizagem que davam o eixo da ação psicopedagógica:

- Enfoque orgânico (século XVIII e XIX), seguindo o modelo médico e biológico;
- No início do século XX, surgem as correntes psicanalíticas, recebendo influência do estudo do meio ambiente e da dimensão emocional;
- Nos anos de 1960, volta a visão orgânica, agora numa abordagem psiconeurológica, quando então aparecem os reeducadores pedagógicos, fase esta bastante organicista, na qual as afasias, os DCMs, as disortografias, as dislexias etc. entram em cena, sendo as vilãs dos problemas de aprendizagem, caracterizados como disfunção psiconeurológica;
- Nos anos de 1970, inicia-se a fase psicologizante, em que os vilões dos problemas de aprendizagem

vinculavam-se exclusivamente aos aspectos psicológicos. Surgem em cena os testes como instrumentos de medidas, reduzindo os problemas de aprendizagem a uma ação psicologizante, constituindo-se numa visão ingênua, descontextualizada do social;

– Nos anos de 1980, entra em cena a fase sociologizante, na qual os estudos dos problemas de aprendizagem tinham como fundamentação os pressupostos da sociologia. Essa fase teve como importância maior a atenção dos estudiosos para o contexto social.

Todas essas visões se caracterizaram pela intransigência, pelo radicalismo. No entanto, tudo isso serve de alerta para se analisar que os problemas de aprendizagem não têm uma única causa. Não basta que se descubra o eixo patológico na aprendizagem. É preciso conhecer o sujeito que não está aprendendo. É preciso saber que, por si só, uma área de conhecimento não soluciona o problema.

Com a fundação da ABPp, uma nova prática psicopedagógica começa a construir outra concepção dos problemas de aprendizagem. Para isso, contribuíram os estudos e as pesquisas de Emília Ferreiro, cuja sustentação teórica era piagetiana, dando ao profissional da educação uma concepção do erro bem diferente da então estabelecida. Outro aporte teórico de grande importância foi o trazido por Vygotsky (1987) que relativiza o uso dos testes e aposta na capacidade do indivíduo. Esse autor nos traz seu estudo e suas pesquisas acerca do nível de desenvolvimento real, do nível de desenvolvimento potencial e do nível de desenvolvimento proximal.

Com base nas teorias de Piaget e de Vygotsky, Reuven Feureustein elabora a Teoria da Modificabilidade Cognitiva Estrutural, cuja principal ação é a Experiência de Aprendizagem Mediada – EAM (Griz, 2000).

Com esta trajetória, a psicopedagogia percorre espaços multidisciplinares, interdisciplinares e chega ao espaço da transdisciplinaridade. A aquisição do saber deixa de ser vista de forma fragmentada e o estudo passa a ser do processo de aprendizagem do sujeito aprendente de forma global.

A aprendizagem humana passa a ser analisada observando o sujeito nas suas dimensões diferenciadas:

- Sujeito epistêmico, numa visão histórica do indivíduo como construtor de seu conhecimento, numa elaboração objetivante do conhecimento, através de esquemas do real;
- Sujeito psicológico, numa visão histórica do indivíduo como ser de desejo, numa elaboração subjetivante do conhecimento, por meio de sistemas de significação.

A psicopedagogia, hoje com uma visão ampliada e baseada numa práxis retroalimentada por vários conceitos teóricos pertinentes, considera que para o sujeito manter uma relação vincular sadia com o objeto de conhecimento é preciso que estejam articulados e em sintonia o organismo, o corpo, a inteligência e o desejo. Compete ao psicopedagogo criar espaços subjetivos e objetivos nos quais possa surgir a autoria de pensamento do sujeito aprendente-ensinante/ensinante-aprendente.

Diante dessa consideração da psicopedagogia, pode-se acrescentar, na análise da aprendizagem humana, uma outra dimensão do sujeito, qual seja, a dimensão do Sujeito autor (Fernández, 2001a). Esse é, portanto, o sujeito próprio da psicopedagogia, uma vez compreendido como ensinante-aprendente, sujeito da autoria de pensamento.

Para a compreensão dessa trajetória pela qual passa a psicopedagogia, faz-se mister que o leitor tenha uma compreensão de sua passagem pela multidisciplinaridade, interdisciplinaridade até chegar à transdisciplinaridade, momento maior da psicopedagogia.

TRANSDISCIPLINARIDADE

A psicopedagogia busca, então, o caminho da interdisciplinaridade. Isso porque ela surge de uma prática muito particular que é a de atender e solucionar os problemas de aprendizagem trazidos por muitas crianças, que por muitas razões não acompanham seus colegas de classe. Os profissionais buscavam, em suas áreas de conhecimento, encontrar uma solução que explicasse e sanasse os problemas apresentados. Assim é que cada um com sua ação própria e se fundamentando em várias teorias, foi sentindo a necessidade de se apoiar em disciplinas e práticas diferentes, pois uma só disciplina, uma só prática não era suficiente para explicar e resolver os problemas apresentados por aquelas crianças.

A psicopedagogia vai à busca de outras disciplinas, tornando-se multidisciplinar. Essa ação psicopedagógica também alcançou a explicação e a compreensão do fenômeno da não aprendizagem, uma vez que era ainda exercida por profissionais que procuravam intervir nos problemas de aprendizagem, cada um utilizando-se de suas formações acadêmicas isoladamente. A partir de um intercâmbio teórico e de uma ação prática conjunta entre profissionais da pedagogia, da psicologia, da fonoaudiologia, da psicanálise, da neuropediatria, uma práxis psicopedagógica foi sendo construída, numa visão interdisciplinar, na qual o sujeito que não aprendia era visto em toda sua complexidade, como um ser global; para analisar e solucionar os seus problemas de aprendizagem, cada aspecto de seu ser era observado, levando-se em consideração as diversas áreas de conhecimento. Um modelo de intervenção psicopedagógica foi se construindo, numa visão mais ampla, observando-se também a relação entre a aprendizagem e a queixa escolar. Essa posição interdisciplinar deu sustentação a uma postura científica da psicopedagogia, agora se valendo das diferentes disciplinas para se fundamentar e agir.

A psicopedagogia, no entanto, não se limitou a essa visão interdisciplinar; ela foi além. Transitou pelo conhecimento das múltiplas disciplinas, ultrapassando-as para, ocupando um lugar que é seu, fixar-se no estudo, na análise e na solução do problema daquele sujeito que apresenta dificuldades no seu processo de aprendizagem. Compreendemos, então, que a psicopedagogia não deve trabalhar apenas de forma convergente. A psicopedagogia é originada numa condição de filha de uma série de outras ciências, que podem se articular, devendo tornar-se transdisciplinar, construindo novos conceitos, novas maneiras de olhar o ser humano para poder encontrar caminhos para a solução dos problemas de aprendizagem. É com esta visão transdisciplinar que a psicopedagogia analisa a queixa de dificuldade na aprendizagem do sujeito, tendo uma compreensão dinâmica e levando em consideração as contradições e tensões da mente humana. A partir dessa visão, a psicopedagogia sofre uma modificação estrutural, com a contribuição da psicanálise, que permite a visão transdisciplinar da práxis psicopedagógica, indo além do visto e do dito. Hoje, podemos estudar e analisar os vários aspectos que influenciaram o sujeito a construir uma modalidade de aprendizagem que lhe possibilite ou não adquirir um conhecimento.

Com o olhar transdisciplinar, melhor dizendo, pretendendo olhar mais além, a psicopedagogia direciona-se para os conflitos e tensões que permeiam o discurso escolar, ao mesmo tempo em que se detém no sujeito da aprendizagem. É preciso que se escute os diferentes discursos que estão constituídos no sujeito e por ele também constituídos. É dessa forma que a psicopedagogia lida com a incerteza e as imprevisões, tanto na sua prática clínica como na sua ação na instituição.

Severino (2000, p. 20) nos transmite uma fala bastante interessante. O autor diz que

> Acredito que estão dados as preliminares para que se possa falar então do campo transdisciplinar em relação à teoria e à prática psicopedagógica. É preciso dar-se conta de que os resultados desse complexo processo de construção do conhecimento de corrente da exploração de uma abordagem multidisciplinar, intradisciplinar e interdisciplinar, não se constituem apenas de um somatório de saberes que se acumulam. Estamos aqui diante de uma situação em que o todo é maior do que a soma das partes. Este é o sentido do transdisciplinar, em se tratando de conhecimento efetivamente produzido no processo da existência histórica dos homens, quer no seu cotidiano, quer nos seus esforços de expressão discursiva universalizada.

Com essa compreensão, o trabalho do psicopedagogo consta de uma atuação na clínica e na instituição. Sua ação na instituição apresenta um caráter preventivo e social. Sua ação na clínica postula um caráter resignificador das modalidades de aprendizagem, numa atuação no sujeito, sendo, portanto, individual.

A psicopedagogia amplia seu campo de ação e caminha em busca da resolução dos problemas de aprendizagem para inserir o indivíduo não apenas na condição de cidadão, mas na condição de sujeito, integrado numa sociedade, participante de suas decisões, agindo com compromisso junto aos seus co-cidadãos, para que todos cheguem ao objetivo maior do homem, que é ser feliz.

Nessa busca, a psicopedagogia compreende que apenas encontrar soluções para os problemas da aprendizagem não é mais seu único objetivo. Ela hoje se preocupa também com a busca de soluções para que o homem construa uma sociedade mais justa, onde cada cidadão se constitua num aprendente inconcluso, inserido numa realidade que muda constante e rapidamente.

Todos somos, ao mesmo tempo, aprendentes e ensinantes. Nessa dinâmica construímos significados para a vida. Quando educamos alguém, abrimos caminho para que construa sua capacidade de sempre estar aprendendo. Como uma área de conhecimento, ela busca no substrato epistemológico o caminho para a formação do sujeito aprendente e ensinante.

Como estuda as relações que se dão quando se está adquirindo o conhecimento, a psicopedagogia estuda, também, o vínculo com a aprendizagem de cada sujeito singular, as significações que transversalizam o aprender, objetivando dar uma contribuição para que a prática educativa social esteja em constante reformulação, ao mesmo tempo em que resignifica atitudes pessoais em sua subjetividade.

A psicopedagogia busca, hoje, mostrar que no processo de aprendizagem humana não se deve esquecer da singularidade dos indivíduos, compreendendo que, ao mesmo tempo em que é singular, possui uma diversidade. Recordemos o que nos diz Morin (2000, p. 55): "É a unidade humana que traz em si os princípios de suas múltiplas diversidades. Compreender o humano é compreender sua unidade na diversidade, sua diversidade na unidade. É preciso conceber a unidade do múltiplo, a multiplicidade do uno"

Para Morin, a unidade e a diversidade do ser humano é compreendida na prática educativa. Buscamos, nesse autor, o mesmo ensinamento e o aplicamos com pertinência na prática psicopedagógica. Se a psicopedagogia buscava só nos recursos técnicos a contribuição para melhorar o perfil daquele que está aprendendo, agora, ela se utiliza de uma abordagem dinâmica para intervir nos conflitos que permeiam o processo de aprendizagem. Assim, com uma intervenção dinâmica, transdisciplinar, a psicopedagogia tem condições de fazer uma análise das relações que se dão, quando o sujeito entra em contato com o conhecimento e com o saber, por ocasião de sua aprendizagem.

Como a psicopedagogia se propõe a trabalhar a subjetividade, ela vai além do âmbito da escola e da clínica. Na primeira, ela dá condições aos professores para que se posicionem diferenciadamente, de forma livre e criativa. Podem, assim, respeitarem-se e também os seus alunos, resignificar suas modalidades de aprendizagem e estender essas posturas para além do espaço escolar. Na segunda, ao construir espaços de autoria de pensamento, a psicopedagogia atua na família, transferindo essa atuação para outros canais, pois como nos diz Fernández (2001b):

> Tal objeto poderá ser trabalhado não apenas e nem principalmente no consultório: no seio da família, nos meios de comunicação, nas escolas, nas universidades, nos hospitais, no cinema, na arte, nas relações de amizade, nas relações fraternas, nas relações de mulher e marido, nas de terapeuta e paciente. Em todos e em cada um dos espaços cabe uma leitura psicopedagógica (p. 87).

A psicopedagogia, então, como área de conhecimento que caminha em busca da verdade, também se constitui numa área inconclusa. Ela não se esgota nessa busca. Da mesma forma que busca construir no sujeito a capacidade de ser sempre aprendente, também se posiciona como eterna construtora do conhecimento, na condição de aprendente, e como reprodutora de conhecimento, na condição de ensinante.

A RELAÇÃO ENTRE AUSÊNCIA DE LIMITES E A NÃO-APRENDIZAGEM

Com essa visão ampla da psicopedagogia, entendemos que ela deve também se preocupar com um aspecto que vem desencadeando muitas dificuldades na aprendizagem das crianças que chegam à escola. Falamos aqui de limites que, acreditamos, devem ser construídos no seio da família e sedimentados na escola. Essa é sempre uma questão polêmica, com a qual os psicopedagogos devem estar atentos para buscar soluções junto à família do sujeito que lhe procura para consulta. Colocaríamos algumas questões que consideramos pertinentes.

É preciso disciplinar alguém? De que forma estabelecemos limites em nossas crianças, ao mesmo tempo em que promovemos crescimento e autonomia?

Quando os ensinantes – pais e professores – propõem-se a educar alguém, sempre estão dispostos a refletir sobre essas questões. Nos dias atuais, essas são questões discutidas, mas nem sempre consensuais entre os pensadores que estudam as relações humanas. É importante estabelecer limites claros, bem definidos para poder desenvolver condições seguras às gerações mais novas.

Como fazê-lo? Fazendo uso do poder para impor a violência física e/ou moral? Permitindo? Proibindo? Omitindo-se?

Preferimos falar, aqui, sobre como poderíamos levantar algumas possibilidades para estabelecer limites nos utilizando – pais e professores – de uma expressão de interesse e de afeto pelas nossas crianças, como de resto, pelas pessoas.

Em nossa clínica, estamos sempre nos deparando com problemas referentes à falta de limites, que gera sérios problemas de disciplina, causa muito freqüente dos problemas de aprendizagem. Para nós, o que se impõe é o estabelecimento de regras claras, nas quais esteja implícito um equilíbrio entre acolher e corrigir. Isso permite o desenvolvimento do sujeito sem destruir sua iniciativa, sua criatividade, fatores indispensáveis para seu crescimento.

A família precisa oferecer um desenvolvimento saudável à criança, dando-lhe um limite seguro que a acompanhe em todas suas fases, da infância à adolescência, desta à vida adulta, ao mesmo tempo em que precisa desenvolver a tolerância a frustrações, mostrando que existem limites externos que o sujeito não pode controlar.

O limite dado sobre esta ótica é estruturante para o indivíduo, pessoal e socialmente. Assim, a criança aprende o que pode fazer, o que pode ser, o que é permitido desejar e onde termina a possibilidade de exercer este desejo. A criança cresce sabendo que vive em um contexto, e que sua existência é exercida em relação, em harmonia com os outros.

Para que isso ocorra, é preciso que pais e professores saibam se respeitar, dando às crianças a certeza de que suas atitudes são realizadas baseadas no afeto e no interesse pelo seu crescimento. É preciso que nessa construção haja negociação. É ainda importante saber que, em cada faixa etária, existe uma forma especial para negociar. Para que essa negociação ocorra de forma satisfatória é importante que pais e professores saibam escutar, de forma respeitosa, seus filhos e alunos; é preciso que haja respeito e admiração entre ambas as partes. Essa é uma prática que deve começar desde cedo, dentro de parâmetros em que a criança possa entender e confiar.

Dar limites relaciona-se com estabelecer regras, normas que considerem os estados emocionais e estejam inseridas nos contextos dos quais emergem. É compreender que, mesmo sendo uma criança, o sujeito pode pensar diferente de nós; é saber respeitar essa diferença, aceitando-a.

Para que o limite possa ser dado, não é preciso nem agressões, nem compensações. É preciso amor, participação, envolvimento, enfim uma relação respeitosa para que a criança aprenda a respeitar as regras da sociedade em que vive, as normas da escola onde estuda, podendo, assim, aprender e crescer.

APRENDER E NÃO-APRENDER

O Sistema Nervoso Central (SNC), formado pelo cérebro e o grande responsável pelo aprender do sujeito, deve estar inserido nos estudos a serem realizados pelo psicopedagogo. É preciso observar que algumas dificuldades de aprendizagem têm suas causas atribuídas a elementos psiconeurológicos bem estabelecidos, ou seja, aquelas conseqüentes de lesões cerebrais, paralisia cerebral, deficiência mental e de sintomas sensoriais bem definidos, como deficiência auditiva e visual. Outras dificuldades de aprendizagem têm suas causas não atribuídas a elementos psiconeurológicos definidos, como os transtornos no aprendizado da leitura, da escrita, do raciocínio lógico matemático, na linguagem falada. Essas são, particularmente, as que mais aparecem nas salas de aula e que mais são apresentadas como queixa nas clínicas psicopedagógicas.

Observamos que, em todos os casos de dificuldade de aprendizagem analisados nas clínicas psicopedagógicas, está sempre presente o transtorno emocional, que se apresenta ora como conseqüência, ora como desencadeador, como causa das dificuldades no processo de aprendizagem do sujeito.

A psicopedagogia apresenta uma busca constante na compreensão do ato de aprender, pois considera fundamental a investigação das condições necessárias para que o sujeito realize uma aprendizagem, adquira um conhecimento utilizando-se da sua própria percepção e capacidade de elaborar pensamento e ação de forma espontânea e criativa. Isso que chamamos de aprendizagem significativa implica na presença constante de diálogo entre a triangulação no processo de aprender – aprendente, ensinante e objeto de conhecimento.

Aprender compreende uma rede complexa que envolve relações, vínculos, compromissos, prazer, desejo e definição de papéis. Lembramos o que nos diz Campos (1999, p. 57): "aprender é produto de um pensamento, mas também do afeto" e, mais adiante (p. 58) "ambos os aspectos precisam estar integrados na aprendizagem, pois só assim as ações ganham um sentido". Não se aprende nada que não seja já conhecido pelo outro. E nessa passagem surge o vínculo, uma relação que poderá propiciar ou atrapalhar a ação de aprender.

Quando dizemos que aprender é apropriar-se de um conhecimento do outro, não estamos negando o autodidatismo. Damos a palavra a Pain, para que ela nos esclareça o assunto, quando escreve:

A afirmação, segundo a qual um sujeito só aprende o que é conhecimento no outro, não contradiz o fato de que ele só aprende por si mesmo, pois ele deve evidentemente reconstruir, por meio de seus próprios instrumentos cognitivos e significantes, o conhecimento do qual ele recebe apenas amostras incompletas. A apropriação do conhecimento está longe de ser passiva: ela exige a organização operatória do código e a aquisição de regras pelas quais pode ser gerada a significação (1999, p. 164).

Aprender, portanto, significa modificar-se, é poder recriar algo que está presente em sua cultura, é criar seu próprio pensamento a partir do pensamento do outro. É construir-se e possibilitar a construção do outro. Quando isso não ocorre, diríamos que o sujeito não aprendeu, passou pela escola, pela vida, informou-se mecanicamente das coisas, mas não adquiriu a condição de modificabilidade, necessária ao sujeito aprendente.

É com essa crença que procuraremos apresentar, no capítulo seguinte, alguns problemas de aprendizagem que já foram trabalhos em nossa clínica psicopedagógica. Cada um deles, com sua visão paradigmática, por ocasião de seus atendimentos.

3

Problemas de aprendizagem

"O fracasso escolar é uma patologia recente. Só pôde surgir com a instauração da escolaridade obrigatória no século XIX e tomou um lugar considerável nas preocupações de nossos contemporâneos em conseqüência de uma mudança radical da sociedade.

...A pressão social serve de agente de cristalização para um distúrbio que se inscreve de forma singular na história de cada um.

...O fracasso, opondo-se ao sucesso, implica um julgamento de valor: ora, esse valor é função de um ideal. Um sujeito se constrói perseguindo ideais que se apresentam a ele no decorrer de sua existência. Ele é assim o produto de suas identificações sucessivas, que formam a trama de seu ego. Esses ideais são, essencialmente, aqueles de seu meio sociocultural e de sua família, ela mesma marcada pelos valores da sociedade à qual pertence.

...Por que o sucesso escolar ocupa um lugar tão importante na vida de nossos contemporâneos, criianças, pais, ensinantes e governantes? Que projetos, que fantasmas estão por trás dessa aspiração ao sucesso?

...Ser bem-sucedido na escola é ter a perspectiva do ter, mais tarde, uma bela situação, de ter acesso, portanto, ao consumo de bens. Significa também "ser alguém", isto é, possuir o falo imaginário, ser considerado, respeitado.

...O fracasso escolar pressupõe a renúncia a tudo isso, a renúncia ao gozo".

Anny Cordié
(p. 17, 20, 21)

Faz-se importante diferenciar os problemas de aprendizagem do fracasso escolar. Ambos irão se constituir em problemas de aprendizagem do sujeito, porém o primeiro apresenta características muito peculiares e encontram guarida na estrutura individual e familiar do sujeito. O segundo, caracteriza-se por encontrar suas causas no ambiente social, escolar do sujeito aprendente, assemelhando-se ao que Pain (1986) chama de não aprendizagem reativa.

Passaremos a discorrer sobre os problemas de aprendizagem pelas suas características que são estudadas e analisadas especificamente na psicopedagogia clínica.

Consideramos como problemas de aprendizagem o mau desempenho escolar de uma criança, levando-se em consideração que não é portadora de deficiência mental, que lhe foi aplicada uma pedagogia correta, e que as condições sociais e ambientais lhe são favoráveis. Seria aquela criança que não atingiu o rendimento que se poderia esperar, diante de suas capacidades. Na escola, as conseqüências destes distúrbios verificam-se na queda do rendimento escolar.

Não é por meio de medidas disciplinares que a criança poderá ser levada a superar os distúrbios de aprendizagem. Pais e educadores devem, juntos, buscar suas causas para poder contorná-las. Daí ser de grande importância, para o professor, procurar analisar e conhecer as causas que provocam os distúrbios de aprendizagem, para seguir o caminho necessário à sua superação. Quando isso não ocorre e o professor tenta trabalhar estes distúrbios por meio de tentativas, pode ocorrer perturbações no desenvolvimento da personalidade da criança e no clima social da classe. Para se evitar estas tentativas falhas da solução do problema, faz-se necessário que o professor conheça as leis do processo de aprendizagem e as causas que possam vir a interromper este processo.

A aprendizagem é um processo de ação recíproca entre o sujeito que aprende, o sujeito que ensina e o ambiente, cujo resultado se dá numa mudança de comportamento. Em se tratando de um processo de ação recíproca, as causas que provocam os problemas de aprendizagem tanto podem ser encontradas na própria pessoa aprendente, na pessoa do ensinante, como no ambiente onde o processo está se realizando; o que se observa é que a causa nunca está isolada. Quando uma criança fracassa na escola, na maioria dos casos, estão influindo causas oriundas do ambiente familiar e escolar – as causas exógenas –, que se associam às características individuais, ou seja, às causas endógenas.

Como se observa a ocorrência dos problemas de aprendizagem? A aferição da capacidade da leitura mostra, quase sempre, como anda o desempenho da aprendizagem na criança.

Deve-se, entretanto, estar atento para a influência que exercem os fatores sociais e econômicos para o bom ou o mau desempenho da criança na leitura.

Vários conceitos são abordados para se evidenciar a gênese dos distúrbios da aprendizagem, dependendo em grande parte da experiência profissional de cada técnico envolvido na solução do problema.

O conceito de que os problemas de aprendizagem têm sua origem em perturbações neurológicas se deve ao fato de que um significativo número de crianças com esses distúrbios apresenta indícios de serem portadoras de disfunção cerebral. Estas perturbações neurológicas em crianças estão assim classificadas por Richard Schain (1976), no seu livro *Distúrbio da aprendizagem na criança*:

1. Maturação lenta ou funcionamento deficitário de sistemas neurológicos específicos relacionados com funções de percepção ou com aquisição de linguagem, determinada geneticamente.
2. Lesões mínimas adquiridas em áreas cerebrais cuja extensão é insuficiente para produzir deficiências neurológicas grosseiras, mas suficiente para produzir perturbações de linguagem, percepção e motoras.
3. Lesões cerebrais evidentes, resultando em deficiências neurológicas francas.

O que se observa na primeira categoria acima classificada é a presença de uma dislexia de evolução. Na segunda categoria, ter-se-ia observada a lesão cerebral mínima adquirida. Essa é normalmente suspeitada, mas de difícil comprovação. Seria o que já foi chamada de Disfunção Cerebral Mínima – DCM, que será tratada mais adiante, hoje conhecida como Déficit da

Atenção. Na terceira categoria, observam-se as crianças com síndromes neurológicas bem definidas e que, conseqüentemente, também apresentam distúrbios de aprendizagem. São as crianças com quadros convulsivos, com paralisia cerebral e com distúrbios sensoriais. No entanto, pela sua especificidade, esta terceira categoria não será objeto de estudo neste trabalho.

Encontramos, ainda, o conceito de inaptidão para a aprendizagem, desenvolvido por psicólogos e pedagogos voltados muito mais para as programações educacionais do que para diagnósticos neurológicos. Aqui, dá-se muito mais ênfase aos métodos pedagógicos utilizados no ensino de crianças com déficit educacional. Existe uma lei citada, ainda por Richard Schain (1976), que diz o seguinte:

> O termo "criança com inaptidão específica de aprendizagem" refere-se àquelas crianças que apresentam distúrbios em um ou mais dos processos psicológicos básicos, envolvidos na compreensão ou no uso da linguagem falada ou escrita, distúrbio este que se manifesta por uma capacidade imperfeita para fixar atenção, raciocinar, falar, ler, escrever, soletrar ou realizar cálculos matemáticos. Esses distúrbios incluem condições tais como deficiências perceptuais, lesão cerebral, disfunção cerebral mínima, dislexia e afasia de evolução. O termo não inclui crianças com problemas de aprendizagem decorrentes primariamente de deficiências visuais, auditivas e motoras, de retardo mental, de distúrbios emocionais, ou de condições ambientais inferiores (Lei Pública 91-230, Secção 602-15 de 13 de abril de 1970).

Nossa experiência nos mostra que nem sempre aparecem evidências positivas da presença de disfunção cerebral;

normalmente, aparecem a partir de causas conhecidas dos distúrbios de aprendizagem, como problemas de ordem afetivo-emocional identificáveis, condições ambientais precárias, deficiências sensoriais palpáveis. Para contornar estes distúrbios de aprendizagem, faz-se necessário o uso de métodos pedagógicos especiais para poder superar a inabilidade da criança de aprender Por meio de métodos convencionais de ensino.

Verificam-se, ainda, problemas de aprendizagem oriundos da inadequação de nossas escolas. O que se observa hoje, nas pré-escolas e escolas de 1º grau, são classes numerosas, salas de aula inadequadamente planejadas e professores inexperientes ou mal informados e/ou mal formados que não propiciam às nossas crianças um aprendizado capaz de ir ao encontro de suas reais necessidades. Cada vez mais as crianças se interessam menos em permanecer em salas de aulas, cuja prática de ensino é essencialmente "bancária", ou rígida, não despertando na criança uma motivação suficiente, que se constitui num requisito básico da aprendizagem. Junta-se a isso o fato de que o aprendizado efetivo deve ser um processo ativo, em que ocorra o envolvimento da criança em situações exploratórias e de resolução de problemas, e não apenas exercícios repetitivos e de receptora passiva de informações. Essa inadequação do sistema escolar verifica-se nas escolas de crianças oriundas de classe média e alta, aumentando consideravelmente a situação nas escolas públicas, onde se verifica um fracasso quase total, levando muitas crianças a ficarem fora de faixa ou desistirem de continuar freqüentando a escola. Não há a menor dúvida de que circunstâncias sociais e econômicas adversas e a miséria em que vive a grande maioria da população brasileira produzem características de comportamento e influência na maturação de modo tal que resultam em problemas de aprendizagem em um número bastante considerável de nossas crianças pertencentes à classe social inferior. Nesse quadro, temos aqueles problemas de aprendizagem que vão resultar num fracasso escolar que, se não observados e cuidados, irão se transformar em um problema de aprendizagem reativo.

Atualmente, vêm aumentando o número de sujeitos com problemática no seu processo de aprendizagem. Os problemas de aprendizagem da sociedade moderna deixaram muito para trás aquelas características que partiam de uma causa orgânica, neurológica para se ligarem a causas oriundas de problemas na constituição dos esquemas afetivos. Essa outra observação leva-nos a acrescentar como causa dos distúrbios de aprendizagem o ambiente familiar carregado de perturbações emocionais. É óbvio que uma criança ansiosa e atemorizada ou que não consegue se concentrar terá frustrados todos os seus esforços para adaptar-se e para ter um rendimento escolar satisfatório. Inicialmente, a criança apresenta uma inibição de motivação para aquisição de novos conhecimentos. Por quê? Sabemos que o estado psíquico receptivo para a aprendizagem é aquele em que um comportamento impulsivo é bloqueado e essa energia se transforma em funções de pensamento, de memória e de resolução de problemas. E podemos assegurar que a situação familiar é o principal fator de determinação do estado psíquico da criança que freqüenta a escola. Quando a esse problema associam-se as características individuais, ou seja, as causas endógenas, aí então, desencadeia-se o processo de desajuste na aprendizagem. Ainda observamos em nossa práxis que a maioria das crianças com distúrbios de aprendizagem apresenta problemas de comportamento e problemas emocionais. O que dificulta afirmar é se esses problemas são a causa ou a conseqüência desses distúrbios. Daí, concluirmos que qualquer programa de intervenção nesses distúrbios deva ser paralelo a um acompanhamento psicológico.

Com o surgimento e expansão da televisão no Brasil, juntamente com a aculturação das atividades lúdicas de nossas crianças, começou a surgir outra causa que faz aflorar os problemas de aprendizagem. Vejamos: antes da expansão da televisão, as brincadeiras de nossas crianças estavam ligadas a uma intensa e rica movimentação. Tanto no que se refere à criatividade, à imaginação, como no que se refere aos movimentos realizados com o corpo todo, desenvolvendo a coordenação motora fina, destreza digital, como também aprendiam a conhecer cada parte de seu corpo e que uso fazer de seus movimentos. Não era raro ver as crianças construindo seus papagaios para empiná-los, fazendo seus piões, seus ioiôs para com eles brincarem, jogando bola de gude, pulando "cademia", brincando de "garrafão", jogando "espião", jogando bola, pulando corda, arrastando carrinhos, às vezes de lata de doce, por elas próprias fabricados, e uma série de outras brincadeiras que contribuíam para uma evolução harmoniosa dos movimentos amplos do corpo e, conseqüentemente, para a aquisição de movimentos finos corretos que tanta importância têm no aprendizado da leitura e da escrita. Quando dessas brincadeiras se cansavam, sobrava-lhes tempo para ler e refletir sobre coisas que lhes eram novidades. Agora, o que se apresenta para nossas crianças são programas de televisão que nada se relacionam com a nossa cultura, que apenas jogam "informações", sem dar oportunidade para a reflexão, a contestação. Informações essas, na sua quase totalidade, alienadas e alienantes. Então, as atividades diárias das crianças resumem-se me ir à escola, quase sempre desmotivante e "bancária" e, ao chegarem em casa, não existe diálogo nas relações, porque a televisão se interpõe entre pais e irmãos. Não se movimentam, não pensam, atrofiam sua capacidade de raciocinar. E os problemas começam a surgir em casa, na escola, sem que nenhuma atitude seja tomada por parte dos pais e educadores que, muitas vezes, nem se dão conta do mal que a televisão possa oferece ao desenvolvimento harmonioso da criança.

Ao concluir a apresentação de algumas possíveis causas que podem desencadear os problemas de aprendizagem, veremos como podem atuar nas funções específicas necessárias ao aprendizado da leitura e da escrita, através de seu estudo.

Toda criança, para iniciar sua alfabetização e todo o processo de aprendizagem pedagógica, em geral, está na dependência de uma complexa interação dos programas neurológicos e da harmoniosa evolução das funções específicas, cujos aspectos mais importantes são a linguagem, a percepção, o esquema corporal, a orientação espacial como uma atividade complexa adaptada de um organismo e dirigida à realização de uma tarefa.

Vamos então estudar cada um desses aspectos, que estão aqui divididos e separados apenas para efeito didático, uma vez que cada um influi no outro, ou seja, quando ocorre uma evolução desarmoniosa nunca é em um só aspecto.

LINGUAGEM

A linguagem é um complexo sistema funcional de relevante importância para a aprendizagem. Até os nove meses de vida, a criança passa por uma fase pré-lingüística, que lhe fornece os elementos básicos para um desenvolvimento posterior por meio de estímulos sensoriais. Um treinamento de seus órgãos fono-articulatórios servirá de base para a formação e articulação da palavra. Um dos treinamentos mais naturais, fisiológicos, é a própria amamentação: o processo de sucção estimula o desenvolvimento dos órgãos que vão produzir a palavra oral.

Dos nove aos dezoito meses, a criança evolui gradativamente para a etapa da compreensão. No começo, usa poucos nomes para vários objetos; na proporção que vai aprimorando a compreensão e a articulação das palavras, passa a dar nomes mais adequados aos objetos.

Dos dezoito meses aos três anos, inicia-se o pensamento concreto, ou seja, a representação mental dos objetos, processo que se dá graças às assimilações sensoriais e motoras, fazendo com que a criança interiorize estes fenômenos. Usa nomes e refere-se a si mesma pelo próprio nome. Aos poucos vai acrescentando as ações, as qualidades e os pronomes. Com três anos completos passa a usar o "eu" referindo-se a si própria.

Ainda com relação ao desenvolvimento da linguagem, Ana Maria Poppovic (1968) diz que:

> Dos três aos seis anos produz-se a etapa mais importante para o desenvolvimento da linguagem que é a interiorização, a consciência de seu próprio EU e, conseqüentemente, a aparição da linguagem interior e o início do pensamento verbal. É do perfeito desenvolvimento desta etapa que surgirá a possibilidade da leitura e escrita com compreensão real e não como um simples mecanismo.

A partir da leitura e compreensão desse texto, verifica-se a fundamental importância do pré-escolar na aprendizagem da criança. É justamente neste período de sua vida que uma correta orientação é básica para todo o processo de aprendizagem da leitura e da escrita. Quando isso não ocorre, o que se verifica com a esmagadora maioria, todo o 1° grau será cursado com dificuldades pela criança.

Verifica-se ainda que aos quatro anos a criança já dispõe de condições para comunicar-se socialmente. É a fase das perguntas. Aos cinco anos, seu vocabulário está mais rico e começa a usar conceitos abstratos. Nessa fase, considera que as coisas se modificam de acordo com sua percepção: se estão perto dela, são grandes; se estão longe, são pequenas. Essa percepção vai-se aprimorando, até que, aos seis anos, as noções de relatividade vão-se processando em função da colocação do seu corpo.

É ainda Ana Maria Poppovic (1966) quem afirma:

> Do ponto de vista fono-articulatório, a criança de seis anos deve saber pronunciar corretamente todos os sons de nossa língua. É noção firmada que não se deve iniciar a alfabetização de uma criança normal enquanto esta não souber pronunciar corretamente.

Vale ressaltar aqui uma noção que é de fundamental importância: a fala, a leitura e a escrita não devem ser consideradas de forma isoladas, mas sim como o produto manifesto de um único sistema que é o sistema funcional da linguagem. A fala, a leitura e a escrita resultam de um desenvolvimento harmonioso e da integração das várias funções que servem de base a este sistema.

Qualquer distúrbio nos processos elementares do desenvolvimento causará retardo no desenvolvimento das formações funcionais que servem de base ao sistema funcional da linguagem, produzindo uma série de sintomas aparentemente dissociados.

A linguagem tem um papel decisivo nos processos mentais, porque é através dela que se pode generalizar, pensar logicamente, adquirir, reter e selecionar conceitos. Ainda não se pode deixar de lado que todo esse desenvolvimento passa, de forma significativa, pelas relações que se dão em todo este processo.

PERCEPÇÃO

A percepção é o meio pelo qual a criança organiza e chega a uma compreensão dos fenômenos que lhe são constantemente dirigidos. Nosso sistema nervoso estabelece contato com o meio ambiente por meio da sensação, levada pelos órgãos dos sentidos. Assim, entendem-se percepções que vêm das várias sensações como, por exemplo, a percepção visual, a percepção auditiva, a percepção tátil etc.

A criança, desde que nasce, recebe uma estimulação complexa de impressões a qual reage, em princípio, reflexamente; depois passa a ter noção de diferenciação de cada uma, percebendo que umas são mais intensas que outras. Um outro passo é perceber que algumas impressões são semelhantes, de forma constante, e outras de acordo com as variáveis do tempo. Percebe, ainda, modificações importantes no ambiente que a cerca, como também mudanças em seu próprio corpo.

As diferenças e as semelhanças observadas pela criança se processam de duas maneiras fundamentais: a) nas relações espaciais e b) no tempo. Percebe que num determinado momento, as impressões podem ser fundidas numa só, ao mesmo tempo. Começa, então, a ter a impressão das partes sem perder a impressão do todo. Essa transposição do temporal ao espacial, e do espacial ao temporal, representa uma descoberta que vai ser de grande importância para a criança. Percebe, ainda, que as diferenças e semelhanças formam conjuntos, cujas características são diferentes das características da soma das partes.

Do ponto de vista da *gestalt*, a percepção é um processo psicológico em que cada parte do todo é vista, ouvida ou sentida na mesma relação das outras partes, cujo produto é uma figura imediatamente reconhecida. Esse processo integra as partes numa nova unidade, mais completa que somente a soma das partes. Esse processo de integração depende da organização do sistema nervoso e da integridade do organismo do indivíduo, de seus esquemas mentais e afetivos.

Quando se dá um desenvolvimento harmônico de todas essas fases da percepção, quando todos os órgãos dos sentidos estão funcionando normalmente, quando a linguagem se associa à percepção realizando uma perfeita integração, a criança se abre maravilhosamente para interiorizar todo o processo da aprendizagem da leitura e da escrita.

ESQUEMA CORPORAL

A criança possui um bom esquema corporal quando se verifica que tem a consciência do próprio corpo, de suas partes, dos movimentos corporais que é capaz de realizar, das posturas e das atitudes.

"O esquema corporal é um elemento básico indispensável para a formação da personalidade de uma criança. É a representação relativamente global, científica e diferenciada que a criança tem de seu próprio corpo" (Wallon H – *Évolution psychologique de l'enfant*, citado por A. de Meur e L. Staes). De todas as conceituações sobre esquema corporal, o que se verifica é a grande importância atribuída ao conhecimento que a criança deve ter do seu corpo, de suas partes, e do uso que dele deve fazer.

As primeiras impressões recebidas pela criança de seu corpo são vagas e partidas, provenientes das vísceras, daí seu nome de visceroceptividade ou interoceptividade. À medida que a criança vai tomando contato consigo mesma e com o ambiente começa a receber impressões internas oriundas de seus próprios músculos, articulações e tendões. A esta fase dá-se o nome de proprioceptividade; são as sensações cinestésicas que nascem do corpo. A criança obtém ainda impressões que lhe são fornecidas pela pele – o frio, o calor, a dor, o prazer etc. – e, também por meio de outros órgãos sensoriais, como a visão e a audição, o olfato e o paladar. A essas impressões dá-se o nome de exteroceptividade.

Essas três denominações referem-se aos sistemas que permitem à criança uma conexão consigo mesma e com o meio ambiente. E é por meio desses sistemas em perfeita combinação que o sistema nervoso obtém as informações do próprio corpo.

O esquema corporal não é apenas uma percepção, uma interiorização de seu corpo, mas uma integração de várias *gestalts*, de vários todos em contínua modificação. É a integração das noções de relação com o exterior em suas expressões de espaço e tempo, é a conexão com outras pessoas pelo contato corporal, da evolução dos gestos e da evolução da linguagem. A criança percebe-se e percebe as pessoas e as coisas do meio ambiente, em função de sua própria pessoa. É o esquema corporal que permite essa comunicação consigo e com o seu meio ambiente. Assim, a boa formação do esquema corporal pressupõe boa evolução da motricidade do sujeito, das suas percepções espaciais e temporais e da afetividade, dando maiores condições a esse sujeito (Poppovic, 1966). A criança que possui bom desenvolvimento motor conhecerá e dominará bem seu corpo, podendo chegar ao domínio do espaço e a adequação do tempo. E sua personalidade se desenvolverá graças a uma constante tomada de consciência de seu corpo, de suas possibilidades de agir e de transformar as coisas. Ela se sentirá bem à medida que seu corpo lhe obedece, podendo utilizá-lo não apenas para se movimentar, mas também para agir.

Observamos ainda que por meio da postura, das atitudes e dos comportamentos a criança, muitas vezes, exprime a sua afetividade. De sorte que, a harmoniosa evolução afetiva, o bom contato com as pessoas, o fato de a criança ser aceita pelo meio em que vive, tudo isso irá influir basicamente na formação de um bom esquema corporal. Quando isso ocorre, a criança terá maiores possibilidades de ser bem sucedida, tanto na aprendizagem escolar, como do ponto de vista afetivo e emocional.

A evolução corporal se dá por meio dos vários contatos da criança consigo e com o meio exterior durante todo o seu desenvolvimento, desde que tudo isto ocorra num ambiente sadio, onde a criança se perceba amada e desejada. Quando a evolução corporal assim ocorre, a criança, aos dezoito meses, terá a noção de seu próprio corpo, sem ainda projetá-lo em relação ao corpo dos outros. Aos poucos, por meio da postura, do movimento, dos sentidos e das sensações integra o conhecimento do corpo, do espaço e as relações que as coisas têm entre si e o seu corpo.

Aos cinco anos completa-se um primeiro esquema corporal total, que pode ser verificado através do desenho da figura humana, que já deve possuir detalhes, mesmo que incorretos e sem proporção. Os esquemas motores somente serão realizados a partir do esquema corporal e nele estarão apoiados. Quando encontramos uma criança de seis anos "desajeitada", com incoordenação, estaremos diante de uma criança que não adquiriu uma boa noção de seu esquema corporal. Nesta idade, se for muito prejudicada do ponto de vista afetivo, terá seu esquema corporal também prejudicado. A afetividade está ligada à psicomotricidade, uma vez que inibe atitudes, ou mesmo bloqueia e distorce a evolução do esquema corporal.

ORIENTAÇÃO ESPAÇO-TEMPORAL

Esta é a etapa onde a criança poderá exercitar suas possibilidades corporais. Todas as percepções se referem a noções de espaço e de tempo. Sem a percepção é impossível a formação de um esquema corporal adequado. De modo que não podemos separar a noção de espaço da noção de tempo. Com relação ao tema, ainda Poppovic (1966) nos fala da importância do sujeito poder se orientar no espaço, poder se ver e ver os objetos que estão no espaço, tomando como base seu próprio corpo, de dirigir-se, de avaliar seus movimentos e adaptá-los no espaço. Orientar-se no tempo é situar o presente em relação a um "antes" e a um "depois", é avaliar o movimento do tempo, distinguir o rápido do lento, o sucessivo do simultâneo.

As noções de espaço e de tempo são adquiridas pela criança juntamente com o esquema corporal. Essa evolução se dá durante todos os movimentos da criança, na medida em que observa o espaço que ocupa, que a rodeia, na sua posição deitada, próxima ou não dos objetos observados, o que vê quando está deitada, sentada, e quando começa a andar, nas coisas que pode pegar, nas coisas em que tropeça, verificando a relação que existe entre as coisas, os objetos e seu próprio corpo. Começa a perceber que pode virar-se, olhar para trás, levantar-se, abaixar-se, dando-lhe a noção de em cima/embaixo, atrás, na frente, de lado.

Aos cinco/sete anos, sabe que a direita e a esquerda são as coisas que estão de um lado ou do outro em relação a seu corpo. Sendo a noção de direita/esquerda nos outros e nos objetos uma aquisição mais difícil, só nas proximidades dos dez anos é que a terá adquirido.

Na compreensão do "tempo", temos de levar em consideração o tempo próprio de cada pessoa e o tempo externo ao qual deve adaptar-se. O tempo biológico, próprio de cada pessoa, é o ritmo de desenvolvimento orgânico individual, adquirido essencialmente por características genéticas. Este ritmo varia de uma pessoa para outra sem constituir anormalidade, e para isso devem os professores estar atentos.

O tempo externo é adquirido por meio da orientação temporal, e também está associado ao seu próprio corpo. A noção temporal está ligada ao movimento próprio e ao movimento das outras pessoas. Aos três anos, já terá adquirido a noção de tempo e de espaço, sem contudo denominar os acontecimentos. Não consegue fazer diferença entre o amanhã, o ontem, a manhã e a tarde.

O ritmo já está adquirido desde os primeiros passos que eram a princípio, desritmados, grandes ou pequenos, até adquirir uma marcha ritmada e com metria. Na linguagem, também se observa a aquisição de um ritmo adequado e metódico. Bate palmas e repete melodias simples. Aos seis anos, com o desenvolvimento da linguagem, fixa as noções de manhã e tarde; aos sete anos, os dias da semana; aos oito anos, datas e horas; aos nove anos, os meses do ano. Qualquer variação que ocorra com relação às idades acima citadas, não se constituirá em anormalidades desde que, é obvio, não se constitua numa discrepância muito grande.

LATERALIDADE

Durante o crescimento da criança, vai-se definindo naturalmente uma dominância lateral que será mais forte, mais ágil, do lado direito ou esquerdo. A esta preferência por um ou outro lado chamamos lateralidade, que corresponde a dados neurológicos, e também por influência de certos hábitos sociais, sendo, no entanto, a lateralidade uma questão basicamente neurológica.

De acordo com a estrutura do organismo de cada um, algumas funções e operações estão sob a dominância esquerda, outras sob a dominância direita. No entanto, a lateralidade é funcional e relativa. Não se encontram destros puros, nem sinistros totais. Existe sempre a lateralidade dita complementar, que serve de auxílio, de apoio à lateralidade dominante. Diante destes fatos, podemos afirmar que a noção de lateralidade é muito relativa, fazendo considerar que a lateralidade da criança deve ser de acordo com os movimentos ativos, como pega e usa as coisas e os objetos. Isso vale também para caracterizar a dominância de olhos e de pés.

Portanto, deve-se fixar que a dominância lateral é determinada, principalmente, pelo fator neurológico, não sendo nunca total, mas sim relativa, e que a lateralidade deve ser vista pelos movimentos ativos, sempre existindo uma lateralidade dominante. Forçar a mudança do lado dominante da criança poderá, quase sempre, ocasionar transtornos sérios.

A lateralidade evolui paralela à noção do esquema corporal. Ao nascer, a criança apresenta-se indiferente quanto aos lados e quanto à preferência de um sobre outro, apesar de, geneticamente, já trazer uma característica própria. A posição reflexa do bebê é assimétrica. Poppovic (1968) escreve que ao ficarem seus membros superior e inferior esticados do lado para o qual a cabeça está virada, os membros do outro lado ficam flexionados; este reflexo é chamado tônico-cervical-assimétrico, parecendo determinar posteriormente o lado dominante, ou seja, o lado esticado.

Do terceiro mês em diante, começa um período de simetria ou ambidestrismo, no qual, deitada de costas, movimenta os dois lados do mesmo modo. Depois começa uma fase imprecisa, em que usa as suas mãos indiscriminadamente. Nas proximidades dos 18 meses, começa a estabelecer-se uma preferência por uma das mãos que é, entretanto, ainda mutável, havendo períodos em que usa uma mão, depois a outra, e assim sucessivamente.

Aos três anos já se percebe qual é a mão mais usada, ou seja, a mão ativa da criança. Essa preferência deve ser bastante respeitada pelos pais e pessoas com as quais a criança convive, para que, no futuro, não lhe traga problemas.

A lateralidade, fazendo parte do complexo processo de integração do esquema corporal, de orientação espacial e temporal, e das percepções, não deve ser modificada nem à força, nem por induções, pois se trata de uma orientação natural do organismo da criança e, muito provavelmente, irá trazer uma desorganização em todas as outras funções já analisadas aqui. Essa evolução deverá ser harmoniosa, nunca rompida, caso contrário, os esquemas perderão a sua integração, e a criança se prejudicará nas ações de suas percepções, sua orientação, seu ritmo e, em conseqüência, na sua linguagem e no seu movimento, haja vista o relacionamento que há em cada uma dessas áreas.

MATURAÇÃO E APRENDIZAGEM

A maturação é o processo regular e coordenador do crescimento e do desenvolvimento da criança. Os aspectos biológicos do desenvolvimento assumem, nos primeiros anos de vida da criança, uma maior importância, mas à medida que ela cresce, os aspectos da socialização vão se integrando aos biológicos e a aprendizagem se torna mais importante.

A aprendizagem, sendo um processo que ocorre entre o indivíduo e o ambiente, requer um esforço do indivíduo, de cujo intercâmbio depende sua evolução. A expectativa para o aprendizado escolar depende das habilidades psicomotoras, posturais e perceptuais adquiridas e integradas ao organismo. Mesmo que aparentemente algumas crianças apresentem um desenvolvimento normal, se não houver um nível de maturidade adequado do sistema nervoso, surgirão problemas ao entrarem em contato com os símbolos gráficos da idade escolar.

Esses mecanismos fisiológicos para o aprendizado da leitura e da escrita são importantes. A criança deverá ter sua capacidade de percepção, atenção e concentração desenvolvida para iniciar a aprendizagem da leitura e da escrita. A criança pouco estimulada não consegue interiorizar o que aprende. Para introduzir uma criança no processo de alfabetização, ela precisa já ter dominado os movimentos dos músculos maiores e menores; já deverá saber controlar os movimentos dos olhos, coordenando-o com os das mãos; ter o sentido da lateralidade e da direcionalidade. E para que haja uma boa coordenação, é necessário que a criança tenha integrado as partes de seu corpo e tenha a capacidade de transferir essas partes para o tempo e o espaço, percebendo formas como o círculo e o quadrado.

Qualquer falha nesse processo integrativo, além da falta de condições para o treinamento necessário, provocará desarmonias evolutivas que se traduzem em distúrbios, maiores ou menores, de aprendizagem.

Da mesma forma que uma criança com nível de inteligência inadequado poderá não se alfabetizar com a mesma idade cronológica que uma de inteligência adequada, também uma criança, mesmo de inteligência normal, mas que não possua uma adequada maturidade e harmoniosa integração das funções específicas, não conseguirá iniciar sua alfabetização prematuramente.

ALGUNS PROBLEMAS DE APRENDIZAGEM

Apesar de considerarmos que os distúrbios de aprendizagem não sejam de origem neurológica exclusivamente, não se pode neles falar sem citar os tipos de perturbações neurológicas que, acredita-se, estejam presentes em crianças com distúrbios de aprendizagem, em número bastante significativo.

Um distúrbio que tem prejudicado a aprendizagem das crianças refere-se ao distúrbio da leitura conhecido como dislexia.

O nome "dislexia"

A palavra dislexia é constituída pelos elementos "dis" que significa distúrbio, dificuldade, e "lexia" que significa "leitura" quando originado do latim, e "linguagem" quando originado do grego. Dessa forma, diríamos que, ao pé da letra, a palavra dislexia significa dificuldade de leitura, podendo ampliar-se para uma dificuldade de linguagem. Apresentaremos alguns autores que se dedicaram ao estudo do tema.

No fim do século XVIII, começou-se a prestar mais atenção às crianças que, apesar de possuírem uma inteligência normal e não terem problemas nas demais disciplinas, apresentavam problemas na leitura e na escrita. James Kerr (1896) foi quem primeiro descreveu esses distúrbios. A partir dele, muitos foram os que se dedicaram a eles e deram-lhes os mais variados nomes.

Pringles Morgan (1896) denominou este distúrbio de *cegueira verbal congênita,* para caracterizar um rapaz de 14 anos de idade que não aprendia a ler e escrever, apesar de possuir os órgãos sensoriais normais. Esse nome dado por Morgan representava bem o caso do rapaz, uma vez que suas dificuldades eram decorrentes de um desenvolvimento defeituoso do giro cerebral, no lóbulo temporal, que é responsável pela leitura.

Orton (1920) denominou a dificuldade para ler e escrever de *Strephosymbolia* que significa *símbolos torcidos.* Este nome foi dado pela observação que fez Orton ao verificar, nas crianças, a inversão de letras e números. Sua explicação baseava-se na teoria, formulada por Broca em 1863, da dominância cerebral. Para Orton, a dislexia era resultado de uma falta de definição da dominância lateral, cujo processo seria a luta travada pelos dois hemisférios cerebrais para se tornarem dominantes.

Halgreen (1950) denominou os distúrbios no aprendizado da leitura e da escrita de *dislexia genética,* pois considerava que a dislexia era conseqüência de um fator hereditário, ao observar, em uma pesquisa feita com 276 crianças, que 80% dos casos apresentavam, na família, outros membros próximos com dificuldades semelhantes. Como nas outras denominações e em outros estudos de casos, houve quem se contrapusesse às conclusões de Halgreen.

Johnson e Myklebust (1983) usaram o termo *distúrbios psiconeurológicos*, porque consideravam a dislexia uma disfunção cerebral no nível do sistema nervoso central.

O termo *dislexia específica de evolução* foi usado por vários autores para caracterizar as crianças que possuíam dificuldades para ler e escrever. Introduziram o termo evolução por acreditarem que os sintomas apresentados pelas crianças tendiam a desaparecere com o tempo. O termo específica, uma vez que as dificuldades eram exclusivas do aprendizado da leitura e da escrita.

Quirós (1959) afirma que, quando se fala em dislexia específica de evolução, imagina-se um quadro com perturbações percepto-cognitivas que dificultam a aprendizagem da leitura e da escrita. Entende ainda o autor que a dislexia específica de evolução pode ser confundida com outros quadros apresentados com dificuldades de aprendizagem ligados à fala e à postura. Daí ter elaborado dezessete itens diferentes para facilitar o diagnóstico da criança disléxica. Seriam, além da dificuldade para o aprendizado da leitura e da escrita, a presença do fator genético, as perturbações da imagem corporal, de noções espaciais, de lateralidade, de coordenação visomotora, de transtornos emocionais, entre outros mais específicos.

Conceito de "dislexia"

Da mesma forma que muitos estudiosos se ocuparam em nominar as dificuldades para o aprendizado da leitura e da escrita, muitos também se dedicaram na busca de conceitos que melhor definissem o termo dislexia.

Do ponto de vista do significado, a dislexia é uma palavra de origem grega que quer dizer distúrbio de leitura. Vários autores também buscaram definir a dislexia. Temos Léfrève (1975) que a apresenta como um distúrbio de leitura, acompanhado de alterações na escrita, em que se observa também alterações nas funções cerebrais relacionadas com a aquisição da linguagem escrita, numa forma quase específica, isso porque outras funções intelectuais e a capacidade sensorial encontramse preservadas.

Poppovic (1968, p. 52) entende dislexia como uma "afecção evolutiva (diferente da adquirida) cuja característica fundamental é a dificuldade apresentada pela criança na aprendizagem da leitura e da escrita, dificuldade esta que não é causada por deficiências identificáveis no campo intelectual, sensorial ou afetivo-emocional".

Condemarin e Blonquist entendem a dislexia da seguinte forma:

> Dislexia Específica ou Dislexia de Evolução um conjunto de sintomas reveladores de uma disfunção parietal ou parietal occipital, geralmente hereditária, ou, às vezes, adquirida, que afeta a aprendizagem de leitura num contínuo que se estende do sintoma leve ou severo. A dislexia é freqüentemente acompanhada de transtornos na aprendizagem da escrita, ortografia, gramática e redação. A dislexia afeta os meninos numa proporção maior que as meninas (1986, p. 21).

Podemos observar que vários conceitos são propostos para se entender a dislexia. Apesar das controvérsias, existe um ponto comum que é o da dificuldade específica para o aprendizado da leitura e, conseqüentemente, da escrita. Outro aspecto importante da dislexia é o caráter sistemático dos erros e, simultaneamente, o aparecimento de outros distúrbios, como os de fala, de compreensão da linguagem, de orientação espacial e temporal, de percepção visual e auditiva, do esquema corporal, de dominância lateral, de coordenação motora, de orientação esquerda/direita, de memória, de atenção.

Johnson e Myklebust (*in* Morais, 1981) classificam em dois os tipos de dislexia: a *dislexia visual e a dislexia auditiva*. Esta se caracteriza pela dificuldade em distinguir diferenças e semelhanças entre os sons que se aproximam acusticamente; na dificuldade em perceber os sons do meio de palavras; na análise e síntese, na memória e seqüência auditivas. Não se referem, aqui, os autores, à criança com problemas de surdez, mas com dificuldades para discriminar os sons, relacionando-os com a palavra estruturada, fato que impediria a decodificação da palavra, por não ser recordada.

A dislexia visual teria como característica uma incapacidade em fazer a diferença, em interpretar e em recordar palavras "vistas visualmente". Seriam aquelas crianças com dificuldades de discriminação visual de detalhes. Estas crianças teriam a dificuldade de representar graficamente ou elaborar mentalmente as palavras, fariam inversões de letras diferentes do ponto de vista da orientação espacial, como *d-b*, *p-q* etc.

Outras características importantes da dislexia é que, segundo Rocha (1974), além da discrepância entre o nível da leitura e o nível intelectual, há uma proporcional discordância entre a capacidade que possui para ler e a capacidade apresentada na assimilação de outros tipos de aprendizagem não relacionados com o símbolo verbal.

Atualmente, o estudo da dislexia vem tomando rumos mais amplos, particularmente com o envolvimento, na análise do tema, do conhecimento da lingüística, ampliado pela psicolingüística. Assim é que o lingüista Jean Dubois *et al.* (1993) nos traz um conceito sobre dislexia, apresentando-a como um defeito na aprendizagem da leitura, cuja característica é a dificuldade na correspondência entre os símbolos gráficos, mal reconhecidos, e os fonemas, mal identificados. A lingüística considera a dislexia um fracasso inesperado na aprendizagem da leitura, considerada como uma diferença individual de aprendizagem. Daí ter uma variabilidade grande de causas.

Ainda, do ponto de vista lingüístico, Martins (2003) apresenta algumas hipóteses, na comparação entre leitores disléxicos e bons leitores. O autor apresenta o déficit perceptivo, o déficit fonológico e o déficit na memória. No déficit fonológico, o autor justifica com o aparecimento de "disléxicos com confusão espacial e articulatória" (p. 22). Confusão esta exposta a seguir e mesclada com outras pesquisadas por outros estudiosos do assunto.

Leitura disléxica

A criança disléxica lê de forma muito inferior em relação a seus colegas de classe escolar e da mesma faixa etária. Sua leitura é lenta, hesitante, com freqüentes distorções.

– Confunde letras, sílabas ou palavras com pequenas diferenças de grafia, como: *a-o*; *e-c*; *e-a*; *f-t*; *m-n*; *v-u etc.*
– Confunde letras com diferente orientação espacial e grafias assemelhadas, como: *b-d*; *b-p*; *b-q*; *d-p*; *d-q*; *n-u*; *a-e.*
– Confunde ainda letras com pontos de articulação comuns, e com sons parecidos, como: *d-t*; *j-x(ch)*; *m-n-b*; *v-f.*

- Efetua constantes inversões de sílabas e palavras, como: *som-mos*; *escola-secola*; *sal-las*.
- Adiciona ou omite sons, sílabas ou palavras, como: *famoso-fama*; *casa-casada*.
- Pula linha quando lê; perde-se no decurso da leitura.
- Não organiza a palavra e a frase como um todo, possuindo problemas de compreensão do texto por todas essas distorções.

Normalmente, o disléxico, ao fazer uma leitura silenciosa, pronuncia baixinho as palavras, como se estivesse querendo ouvir sua própria leitura.

Todos esses transtornos apresentados na leitura levam a criança disléxica a apresentar também dificuldades na aprendizagem da escrita, pois, regra geral, a dislexia faz com que a criança apresente disortografia, haja vista que a criança evolutivamente não aprende a escrever, sem antes ter aprendido a ler. É importante, aqui, que se faça a diferença entre os termos disortografia e disgrafia. A disortografia refere-se aos erros executados quando a criança vai transpor o som para o símbolo gráfico correspondente, sendo, portanto, um distúrbio na escrita. A criança disortográfica troca os símbolos gráficos que se parecem na sua forma e/ou na sua pronúncia. É comum a troca de F por V; do O por A; do M por N; do B, D, P, T entre si; do G por C e Q. Realizam, ainda, a "escrita espelhada", ou seja, a inversão da colocação das letras na palavra, como "por" por "pro". A disgrafia refere-se ao ato motor de escrever, ato este dado como conseqüência, grafias quase inelegíveis e disformes.

As pessoas menos avisadas podem confundir as trocas apresentadas por criança disléxica com problemas de ordem pedagógica, ou erros ortográficos. No entanto, o que caracteriza a dislexia é o caráter sistemático das trocas e a concomitância do aparecimento de outros distúrbios.

Prognóstico e intervenção terapêutica

O prognóstico da criança disléxica vai depender da orientação que o caso tiver. Pode a criança chegar a dominar a habilidade da leitura informativa, embora com certo esforço. Raramente se tornarão leitores interessados, chegando a fazer uso da leitura recreativa. Critchley (*in* Condemarin e Blomquist, 1986) diz que os disléxicos conduzidos adequadamente poderiam realizar progressos consideráveis, atingindo habilidades necessárias e podendo fazer uso da leitura para suas atividades práticas. Assim, poderiam chegar a ser capazes de interpretar notícias, propagandas, jornais e cartazes, porém, provavelmente, continuariam sendo leitores "recalcitrantemente preguiçosos".

Do ponto de vista terapêutico, a intervenção com o disléxico deve obedecer a certos princípios metodológicos, como:

- Substituição dos "métodos globais" por sistemas mais fonéticos ou analítico-sintéticos;
- As tarefas devem ir num crescente, passando das mais simples para as mais complexas;
- Reforço das atividades visuais, com exercícios que diferenciem a forma de uma letra ou palavra, associando o símbolo verbal a sua pronúncia em voz alta, acompanhado com movimentos de escrita;
- O material de leitura deve estar dentro do interesse e da motivação da criança;

- Uso de brinquedos pedagógicos adequados;
- A intervenção deve ser individual e sistemática;
- Deve-se sacrificar outras disciplinas do programa escolar, como línguas estrangeiras, para que a criança possa concentrar-se na tarefa de aprender a ler e escrever corretamente;
- Deve haver um contato sistemático entre o terapeuta e o educador escolar.

Em geral, a criança disléxica apresenta simultaneamente problemas de ordem emocional, por falta de uma adaptação normal à vida escolar, além das cobranças no seio da família. Em função disso, é recomendado um apoio psicológico paralelo.

O aspecto pedagógico, no estudo da dislexia, sempre foi relegado a um plano secundário, ou seja, sempre foi minimizado. No entanto, a experiência e o estudo dos casos mostram a importância de o educador conhecer bem o método de ensino que está usando, possuindo recursos de criação pedagógica. Deve-se observar a etapa de desenvolvimento cognitivo da criança propícia àquilo que se está querendo ensinar, sendo o objeto de conhecimento vivenciado pela criança, mediado pelo educador, tendo este a certeza de que foi compreendido.

Diagnóstico da dislexia

O diagnóstico da dislexia deve ser bem preciso e correto, pois como diz Fontenelle (*in* Ajuriaguerra, 1984, p. 98), "asseguremo-nos bem do fato antes de preocuparmo-nos com a causa e evitarmos o ridículo de ter encontrado a causa de algo que não existe".

A literatura registra a dislexia ocorrendo em crianças com idade média de dez anos. Se considerarmos ser a dislexia um atraso e um distúrbio na aprendizagem da leitura, evidentemente, torna-se difícil detectá-la antes de a criança iniciar o processo de alfabetização. No entanto, tomando por base o fator hereditário, aliado aos problemas apresentados na fase da educação infantil, pode-se supor a existência de um terreno pré-disponível. Aí, então, o professor, consciente do problema, pode começar a atuar, antes da necessidade de encaminhamento a situações extraescolares, antes que se firme uma auto-imagem negativa.

Os educadores escolares, ao perceberem que a criança apresenta os sintomas da dislexia, podem chegar a pensar tratar-se de um processo irredutível, eximindo-se da busca de soluções, ou mesmo, por não se acharem com competência para tal, estarão sempre propícios a abandonar o caso. Dessa forma, podem desempenhar um papel destrutivo na ação educativa, ao passo que, ao buscar explicação para a gênese da dislexia, podem ajudar toda uma ação educativa. Não é o fato de ter ocorrido uma má alfabetização que leva a criança a ser disléxica. Contudo, é de grande importância uma boa ação pedagógica por parte do professor. Encontramos crianças que teriam várias razões para serem disléxicas e não o são, em virtude de uma boa ação pedagógica. Se proporcionarmos uma condição pedagógica normal, estaremos fazendo com que permaneça uma proporção muito pequena de dislexia.

Uma coisa é notória: a importância dos professores tomarem conhecimento do assunto, podendo entender a importância dos atos pedagógicos, particularmente com relação à gênese da dislexia. É importante a elaboração de um método de observação adequado para verificar o momento certo de a criança aprender a ler.

Os distúrbios que mais freqüentemente acompanham a criança disléxica são aqueles referentes à fala, à compreensão da linguagem, à ordem espacial e temporal, à discriminação perceptiva visual e auditiva, ao esquema corporal, à dominância lateral, à incoordenação motora, ao conhecimento de direita-esquerda e à atenção. Esses sintomas apresentados podem surgir agrupados de maneiras diversas, e em menor ou maior grau de intensidade.

Para se realizar o treinamento correto da criança disléxica, é necessário realizar uma análise cuidadosa de todos os sintomas apresentados, quando então se traçará o método pedagógico adequado.

A criança disléxica se torna diferente das outras de seu grupo etário e escolar, provocando uma alteração do fator emocional. A criança passa a ser vista, na escola, pelos colegas e professores, em casa, pelos pais e irmãos, como uma criança diferente, o que nela provoca atitudes e comportamentos diversificados. A criança sente-se inferior, e nota que por mais que se esforce, não consegue superar as dificuldades, passando, então, a "não ligar", a não se interessar pelas atividades escolares.

É comum a queixa de que a criança não quer saber de estudar, não se interessa, que apresenta problemas de comportamento, que é muito inquieta ou muito parada.

Para se traçar um programa de intervenção psicopedagógica com crianças com todas essas características, deve-se levar em consideração que, paralelo a esse trabalho, deverá vir também um trabalho psicoterápico.

Concluindo, consideramos que a ação pedagógica bem estruturada, adequada para cada caso, criativa e impulsionadora de uma boa formação da personalidade do aprendente muito contribui para o sucesso escolar da criança. Consideramos, ainda, que a prática profissional do psicopedagogo deveria estar muito mais dentro das escolas particulares e/ou públicas, com o objetivo preventivo dos distúrbios de aprendizagem.

No Capítulo V apresentaremos um caso de uma criança por nós atendida, com diagnóstico comprovado de dislexia.

Hiperatividade

A hiperatividade ou hipercinesia é uma característica fundamental de uma série de reações comportamentais que são próprias dos sintomas de lesão cerebral. Refere-se a um fenômeno comportamental visível. É uma das principais queixas dos pais, quando procuram o profissional, em razão de problemas escolares.

Lefèvre afirma que a hiperatividade é um dos distúrbios de comportamento mais freqüentes em crianças portadoras de DCM[1], e que a hiperatividade assume as funções de causa e efeito, ou seja, tanto pode provocar a existência de outras perturbações psicomotoras, como surgir em conseqüência destas perturbações.

Muitos estudos sobre os distúrbios de aprendizagem têm revelado que metade das crianças apresenta comportamentos hiperativos como problema principal. Isso ocorre, principalmente, em crianças do sexo masculino.

A hiperatividade é sempre definida como uma atividade motora total diária visivelmente maior que a normal para a idade da criança. No entanto, o comportamento hiperativo não se resume apenas ao excesso de atividade, mas também em erros dos movimentos da criança em direção aos objetos e ao seu próprio corpo. A criança hiperativa apresenta um descontrole motor, acompanhado

---

1 Lefèvre chamava DCM ao distúrbio do Sistema Nervoso Central, hoje conhecido como Déficit de Atenção com Hiperatividade – TDAH.

de descargas tônicas inoportunas, o que acarreta posturas e locomoções inadequadas, fala e respiração entrecortadas.

Uma das principais características da criança hiperativa é a sua distração ou falta de atenção. Não consegue se fixar por muito tempo em nenhuma tarefa que lhe é dada. A capacidade de manter atenção é um atributo relacionado com a idade da criança e que, se espera, deva estar adequadamente desenvolvida numa criança em idade escolar, a fim de que possa ocorrer sua adaptação às restrições de uma sala de aula. Isso deve ocorrer aos seis ou sete anos de idade. Quando a criança é hiperativa, não consegue permanecer sentada nem se concentrar, o que resulta numa perturbação para a classe ou para qualquer atividade organizada que esteja participando. A mudança constante de seu objeto de atenção e sua perambulação interferem não só no seu próprio desempenho, como no de seus colegas de classe. Em geral, este fato leva os professores a acharem sua presença intolerável, o mesmo acontecendo no ambiente familiar.

Outro traço característico da criança com hiperatividade é a mudança de humor imprevisível; ocorrem crises explosivas de ira ou de desespero, crise de cólera se transformando em manifestação de carinho, risos em choro; memória fraca ("esquecimento") e ansiedade inexplicável. Isso porque, apesar do seu aspecto vivo e dinâmico, são lentas na execução de tarefas motoras e no raciocínio. Uma das técnicas que mais atinge o hiperativo é a do relaxamento, uma vez que diminui as tensões internas, controla a excitabilidade, levando a criança, geralmente muito sensível a estímulos exteriores, a interiorizar sua atenção e a tomar consciência de si e de seu próprio corpo.

A hiperatividade pode ter sua etiologia em crianças com evidência de lesão cerebral, em crianças retardadas, em certo número de distúrbios metabólicos ou degenerativos. No entanto, a experiência nos mostra que crianças com estas características chegam à clínica devido a um problema emocional, ocasionado por perturbações familiares e por inadaptação (de qualquer origem) escolar, sendo esta muitas vezes o fator desencadeador da hiperatividade na criança. Observa-se, com grande freqüência, que a ocorrência da hiperatividade numa criança de idade escolar não se associa a nenhuma outra evidência de distúrbios neurológicos. Ela poderá diminuir com a idade, ou ser substituída por um problema de comportamento, quando a criança desenvolveu dificuldades significativas de ajustamento. Muitas crianças hiperativas apresentam também deficiências perceptuais.

É muito freqüente ocorrer problemas de inadaptação em crianças por motivo sociocultural, o que deve levar o profissional a ser mais cauteloso, antes de atribuir a hiperatividade dessas crianças a causas intrínsecas. Hoje, muitas crianças são denominadas hiperativas, sem, contudo, apresentarem as características da hiperatividade orgânica que implica em fatores genéticos mostrados anteriormente. Já podemos identificar uma hiperatividade decorrente de conflitos que se passam na dinâmica familiar. Para isso, é importante que todo profissional que esteja cuidando da criança esteja atento à etiologia de um comportamento dessa natureza, para não dar diagnóstico que possa rotular a criança, transformando-a em um ser marginalizado.

Distúrbio da psicomotricidade

Existe uma dificuldade em sistematizar os distúrbios da psicomotricidade, dada a sua grande variedade. Poppovic (1968) acredita que se tem usado e abusado deste termo, sem se ter bem definido e sistematizado os quadros apresentados.

O distúrbio da psicomotricidade seria uma disfunção da realização motora por ocasião de seu desenvolvimento na relação com a vida instintiva emocional, com a linguagem e com a organização do próprio corpo nas suas relações tempo-espaciais e na sua práxis. Ajuriaguerra (1984) dá como hipótese de causa desses sintomas uma defasagem entre os níveis de organização sucessivos do desenvolvimento psicomotor, tendo como conseqüência a mobilização do modo como se organizam as funções que evoluem inter-relacionadas com ele.

Os sintomas que mais aparecem nos distúrbios da psicomotricidade, além evidentemente dos problemas de maior ou menor gravidade na área motora, são os distúrbios de ritmo, de atenção, do comportamento, do esquema corporal, da orientação espacial e temporal e da lateralidade.

Na aprendizagem escolar, observam-se as crianças com incoordenação, com disgrafias, com gagueira e até com dislexia. O fator etiológico mais importante destes distúrbios seria o déficit de atenção com hiperatividade, antigo DCM. O distúrbio da psicomotricidade provoca um desequilíbrio afetivo, pela falta de sintonia entre o que se pretende fazer e o que se é capaz de realizar. Com todos os sintomas que a hiperatividade provoca, particularmente a perturbação do ritmo e a incoordenação acentuada, a criança fica prejudicada na sua postura, na locomoção e na respiração.

Rocha (1981, p. 84) classifica os distúrbios da psicomotricidade em dois grandes grupos:

Gerais (considerados primários)
– Distúrbios do tono muscular
– Distúrbios do esquema corporal
– Distúrbios da organização espaço-temporal

- Distúrbios da lateralidade
- Distúrbios da atenção e do controle pulsional

Especiais (considerados secundários)
- Distúrbios predominantemente motores: debilidades motoras, instabilidade motora, "tics" e descargas motoras, dispraxias, disgrafias.
- Distúrbios predominantemente verbais: atraso da linguagem e audimudez, distúrbios da dicção da articulação e do ritmo, dislexia e disortografia.
- Distúrbios predominantemente perceptivos: distúrbios da noção das posições segmentares, distúrbios da somatognosia.

Rocha considera, ainda, que os distúrbios especiais seriam a figura que teria como pano de fundo os distúrbios gerais. Sob esta ótica, afirma que eles é que constituíram o objetivo da intervenção psicomotriz, e os distúrbios especiais, o objetivo da intervenção psicopedagógica e da ortofonia.

O que se observa é o fato de que, por trás de todos os sintomas apresentados nos distúrbios da psicomotricidade, existe na criança um grande potencial que deve ser trabalhado. A intervenção psicomotriz se propõe, exatamente, através de técnicas especiais, a despertar este potencial, auxiliando a criança no seu adequado aproveitamento e desenvolvimento.

Assim, a intervenção pode libertar a criança de movimentos desnecessários e/ou da rigidez involuntária, fazendo-a dominar seu corpo, situando-a adequadamente no espaço, e controlando seus movimentos e respectivos tempos. Desta forma, adequar-se-á melhor no ambiente, relacionando-se de forma eficaz com os objetos e as pessoas, facilitando o seu aprendizado escolar.

Para que a criança venha a adquirir os mecanismos da escrita, necessariamente deverá saber orientar-se no espaço, ter consciência de seus membros e de como usá-los de forma a que o braço aja independentemente em relação ao ombro, a mão em relação ao braço, e saber individualizar os dedos, ou seja, deverá saber movimentar conscientemente seu corpo. Isso atingido, por meio da intervenção psicomotriz, a criança conseguirá melhor rendimento escolar, o que, conseqüentemente, melhorará o equilíbrio psíquico e mental, uma vez que o desenvolvimento motor e o desenvolvimento psíquico são interdependentes. Só após ter-se conseguido este objetivo, diríamos que a intervenção psicomotriz teria atingido seus fins. E para isto, além da técnica usada, é de fundamental importância o relacionamento educador/educando ou terapeuta/cliente. É necessário que a criança sinta um clima de confiança, que o profissional não está ali para criticá-la pelos seus fracassos, mas para ajudá-la a superar suas dificuldades, estimulando seu potencial oculto pelos sintomas apresentados nos distúrbios da psicomotricidade.

Distúrbio da fala

A criança inicia seu processo de evolução da fala, o meio mais completo de se comunicar, a partir do momento em que nasce e solta seu primeiro ato comunicador com o mundo que é o seu choro. Esse processo evolutivo prossegue quando a criança, ao sugar o peito materno, está desenvolvendo os órgãos que irão propiciar uma boa articulação dos sons.

A linguagem pré-verbal da criança inicia-se aos seis meses com o balbucio; dos sete aos oito meses, ela inicia o palavrório, quando começa a dizer "papai, mamãe", palavras mais ligadas a ela afetivamente. Nas proximidades dos doze meses, deverá entrar no processo de elaboração de palavras significativas, sem haver ainda a correlação entre a palavra e o objeto. Aos dezoito meses, começa a compreender as palavras ditas, dando-lhes significado. Aos vinte e quatro meses, desenvolve a linguagem de maneira mais acentuada, conseguindo elaborar frases e sentenças curtas. Até esta idade é comum o uso associado do gesto. Aos três anos, surgem os tempos verbais, ainda imprecisos, os substantivos, em número e gênero, alguns adjetivos, advérbios etc. Aos quatro anos, deverá falar corretamente e reproduzir histórias livres no passado e no futuro. Entretanto, só após os seis anos é que devemos nos preocupar quando a evolução da linguagem não está se processando seguindo os padrões normais.

O atraso da linguagem pode ser provocado pela surdez. No entanto, a sua etiologia encontra-se muitas vezes na falta de solicitação do ambiente, na carência afetiva, no sinistrismo, no uso de dois ou mais idiomas na fase do desenvolvimento da linguagem, na mudança constante de ambiente nos primeiros anos de vida, nos desajustes familiares, na superproteção materna ou não.

O atraso da linguagem pode transformar-se em distúrbios de articulação e dislexia de evolução. Vamos aqui nos deter ao primeiro, uma vez que já analisamos a dislexia de evolução.

Entre os distúrbios de articulação encontramos as dislalias, um distúrbio evolutivo, e a disartria, adquirida após uma articulação normal (Grünspun, 1966). A dislalia é uma substituição anormal, distorção, omissão ou inserção de sons na linguagem falada. Ela pode ser fisiológica, determinada na fase de desenvolvimento, ou patológica adquirida além desta fase, podendo ser gradativa. As principais dislalias são: o sigmatismo, que se constitui na má pronúncia do S e do Z; o gamacismo, constituindo-se na má pronúncia do Q, T, C, sempre substituídas por uma consoante dental; o rotacismo, constituindo-se na má pronúncia ou omissão do R, sempre substituída pelo L; a linguagem infantil ou de boneca que é a conservação voluntária da linguagem infantilizada; distúrbios de articulação ou fonação.

A sua etiologia encontra-se nas condições básicas periféricas que devem ser examinadas, ou seja, verificar o funcionamento do ouvido, da língua, dos lábios, do véu palatino; nas condições orgânicas centrais, ou seja, nas perturbações congênitas ou adquiridas do sistema nervoso central; no nível intelectual; nos problemas de ordem emocional.

Encontramos, ainda, os distúrbios de fonação que se constituem na perturbação da voz, caracterizada por distúrbios na cadência, inflexão, intensidade, timbre e tom. Estão compreendidas, nestes distúrbios as afonias, voz monótona e voz em falsete.

Muito comum nos distúrbios de fala é encontrarmos crianças com problemas de ritmo na fala. Estes problemas são conhecidos por distúrbios de Cluttering que é a pronúncia rápida e confusa das palavras dentro das sentenças, às vezes com troca de sílabas, hesitação e iminência de mudar a palavra na frase. Este sintoma é parecido com a gagueira; a diferença é que a criança pronuncia bem as palavras isoladas. Outro problema que surge em conseqüência do distúrbio de ritmo é a gagueira, que se caracteriza pela interrupção do fluxo da linguagem por bloqueios e tensões. Apresenta, ainda, a característica de repetições, vacilações ou prolongamento dos sons e se expressa por espasmos da musculatura do aparelho fonador, em primeiro lugar, e da musculatura do corpo, em segundo lugar.

Os distúrbios de fala se constituem o objetivo principal da intervenção fonoaudiológica e da foniatria. Elaboramos, aqui, uma visão rápida destes distúrbios por serem provocadores dos distúrbios da aprendizagem.

PROCESSO INTERVENTIVO

Todos os aspectos aqui analisados são passíveis de serem contornados por meio de uma intervenção criteriosa, que busque as causas desencadeadoras ou determinantes dos distúrbios de aprendizagem apresentados pela criança, para, a partir daí, o psicopedagogo escolher o caminho metodológico que melhor se adapte a cada caso.

A personalidade do psicopedagogo é um fator preponderante do fracasso ou do sucesso da ação terapêutica do tratamento psicomotor e/ou psicopedagógico. É no relacionamento terapeuta/cliente que se encontra o aspecto mais importante da intervenção. Esse profissional deve sempre se dirigir à criança com abordagens novas, levando-a a acreditar que é capaz de realizações nunca conseguidas. Deve haver um clima de confiança. A criança deve estar diante de alguém que não a censure pelos seus fracassos, para que possa esforçar-se, cada vez mais, visando o êxito de suas realizações.

O objetivo da intervenção deve ser o de incentivar a criança a adquirir uma atividade motora tão próxima quanto possível da normal; deve ajudá-la a tomar consciência de seu corpo, tendo em vista uma estruturação espacial satisfatória.

Para a intervenção no trabalho com o esquema corporal, a primeira etapa deve visar os exercícios globais, após o que serão estruturados os exercícios segmentares. Isso porque as crianças não suportam bem, no início da intervenção, exercícios que requeiram maior destreza e movimentos precisos dos segmentos dos membros, pela própria deficiência que possuem em relação a seu corpo. São válidos nos exercícios globais da motricidade geral, atividades que integram a marcha, o salto, a corrida, o pulo, o lançamento de bolas, exercícios que façam o corpo rolar, a transposição de obstáculos, o pular corda etc. Esses exercícios facilitam o estabelecimento da predominância lateral com maior controle da motricidade. Não se deve esquecer de enfocar a orientação espacial, dando as noções de esquerda e direita, frente e trás, embaixo e em cima, tendo como relação o próprio corpo da criança.

Por meio das sensações proprioceptivas, pode-se, em seguida aos exercícios globais, iniciar-se a educação da percepção, a consciência corporal. A criança vai aprender o que é móvel e imóvel em relação ao seu próprio corpo, e vai identificar os movimentos capazes de ser efetuados por cada membro, o que facilitará a tomada de consciência das articulações, sua agilidade e tônus posturais. Inicia-se pelos membros superiores, dando-se atenção especial às mãos, aos punhos e dedos, após o que, trabalhar-se-á com os membros inferiores e com o rosto, este, através de exercícios de jogos mímicos. Essas atividades ajudam a criança a individualizar movimentos do corpo, bem como descrever o que sente e o que quer realizar. Com técnica, o terapeuta usará a manipulação que deve ser feita por ele e pela criança, sempre nomeando as partes tocadas. Após viver essa sensação, a criança poderá utilizar bonecos dotados de articulações que permitam a reprodução de movimentos. O progresso neste sentido poderá ser observado, através de periódicas solicitações do desenho da figura humana.

Importante, também, é fazer exercícios que visem a coordenação dinâmica, o equilíbrio, a destreza e a tomada de consciência das posturas. Deve-se iniciar com o treinamento das posições da cabeça, por ser muito importante no equilíbrio geral do corpo. Aí, usam-se exercícios com o corpo em pé, sentado, deitado e de joelhos. Todos esses exercícios pouco adiantarão se a criança não tiver controle sobre os seus músculos, levando-os a trabalhar ou repousar de acordo com sua vontade. Isso poderá ser conseguido se houver periódicas técnicas de relaxamento, que darão à criança uma tomada de consciência muscular, avaliando as dimensões de seu corpo e as possibilidades de seu uso.

Associados aos exercícios globais, utilizam-se os exercícios segmentares que serão trabalhados por meio de tarefas como dar nó simples, dobrar papel, costurar cartões perfurados, pular corda, jogar bola na parede, abotoar, enfiar contas, recortar, enfiar cordão, enrolar corda e/ou cordão, enfiar agulha, ioiôs, vestir bonecas, pregar percevejos, apontar lápis etc. Isso aplicado mediante o uso de jogos, brincadeiras e atividades artísticas elaboradas pelo professor e/ou pelo terapeuta.

Quanto aos problemas específicos de linguagem e escrita, deve-se dar ênfase aos exercícios de controle manual, do esquema corporal, do ritmo, da discriminação direita/esquerda, de atenção, de coordenação, sendo importante exercitar a visão e a transposição da esquerda para a direita, e estabelecer a sucessão e a estruturação espaço-temporal. Deve trabalhar o braço todo, mãos e dedos e executar exercícios grafomotores específicos.

As sessões de reeducação devem ter a duração aproximada de 30 a 45 minutos, caso sejam individuais, e de 90 minutos, se realizadas em pequenos grupos. Deverão ser de duas vezes por semana, podendo-se acrescentar outras sessões, se o caso assim o exigir.

Esse é um trabalho que necessita ser realizado com dedicação, criatividade e, principalmente, com a compreensão de que a criança nunca é culpada de seus desacertos, que apenas reflete o que se passa a seu redor, ou no seu corpo. Analisar cuidadosamente os dados obtidos no processo diagnóstico para, a partir daí, traçar uma proposta interventiva, levando em consideração os aspectos afetivo-emocionais que transversalizam sua corporeidade.

CONSIDERAÇÕES FINAIS

Como pudemos verificar, pela análise dos problemas aqui estudados, a criança está sujeita a uma série de fatores que poderão levá-la a uma falta de rendimento escolar. Esses fatores devem ser sempre bem pesquisados e analisados antes de se tornar atitudes disciplinares, ou mesmo antes de rotulá-la, fato muito comum na escola, quando a criança não consegue aprender a ler.

O profissional que lida com a criança deve estar atento às queixas da mãe, quando esta afirma que a criança não se interessa por nada que diz respeito à escola; que não gosta de estudar; que não aprende; que apresenta uma leitura ruim; que é desajeitada, esquecida, vivendo alheia a tudo. A criança com essa problemática deve ser observada, por meio de técnicas especiais para se poder chegar a um diagnóstico.

É comum se responsabilizar a própria criança pelo seu fracasso escolar, atitude que pode reforçar uma auto-imagem negativa no processo de seu desenvolvimento, trazendo muito prejuízo à formação de sua personalidade.

Toda criança é capaz de aprender. Para tanto, é necessário que o processo evolutivo de seu desenvolvimento se faça harmonicamente. É fundamental que ela se alimente bem, more bem, tenha opções de lazer, seja amada e desejada pelas pessoas com quem convive. Acreditamos que só numa sociedade justa, onde não existam classes sociais tão antagônicas, discriminação de nenhuma ordem, oportunidades iguais para todos, as crianças poderão crescer harmonicamente. Da mesma forma que a natureza permite de uma roseira desabrochar uma flor, na sua perfeição, a natureza dotou o indivíduo de potenciais capazes de fazer de uma criança um adulto pronto para servir à sociedade.

Todo este trabalho deveria fazer parte das atividades curriculares do ensino infantil, se houvesse uma política educacional capaz de preparar a criança como um todo, capaz de torná-la um adulto consciente de seu papel histórico. Um trabalho escolar criterioso, pedagogicamente correto na fase da vida escolar da criança, funcionaria como medida preventiva dos possíveis distúrbios de aprendizagem. Para isso, a população brasileira de quatro a seis anos de idade deveria ter acesso à escola pública, com iguais oportunidades para se desenvolver, tornando assim a educação gratuita para todas as crianças do país.

O objetivo da educação, na escola, é o de propiciar à criança instrumentos necessários para pensar e repensar o mundo que a cerca, podendo agir sobre ele. O ensino ministrado deve ser embasado em conhecimentos científicos relativos à sociedade e à natureza, com a devida adequação às necessidades socioculturais locais e com a integração da escola na sociedade a que se dispõe a servir. Deve o ensino valorizar as práticas produtivas, a experimentação, a curiosidade com busca de novas soluções, a criatividade; desenvolver o espírito crítico, buscando a evolução plena da personalidade e das potencialidades dos alunos, dignificando o trabalho e a liberdade de pensamento.

A escola deveria funcionar em regime de tempo integral, a fim de poder fazer parte do currículo escolar atividades esportivas, práticas artísticas e artesanais, o ensino prático de ofícios e atividades agrícolas, visando tornar a criança pré-produtiva. O produto dessas práticas produtivas poderia ser aproveitado pela própria escola ou comercializado, para garantir a aquisição de ferramentas e matéria-prima, assegurando a manutenção dos próprios alunos e reduzindo os custos da educação.

As instituições de ensino formadoras do saber dos profissionais que vão lidar com a criança na escola, como os institutos de formação de professores, o de pedagogia, o de educação física deveriam ter, nos seus currículos, cadeiras nas quais fossem abordados os temas expostos neste trabalho, visando melhor qualificar o professor a identificar dificuldades nos alunos e oferecendo mais recursos para que possa encaminhar aquelas crianças aos profissionais especializados para a intervenção dessas dificuldades.

Cada uma das pessoas que lida com a educação da criança e do jovem deve ter a consciência de que uma sociedade desenvolvida passa pela educação de todo o seu povo; deve ter em mente que o educando de hoje é o adulto dirigente de amanhã; deve saber que a educação, como toda atividade do homem, é um ato político, e para esta prática deve ser também preparado.

4

A ação psicopedagógica numa visão particular

"Para pensar novas idéias temos que desarmar nossas idéias feitas e misturar as peças, assim como um tipógrafo ver-se-á obrigado a desarmar os clichês, se deseja imprimir um texto num novo idioma. Um dos primeiros clichês de nosso idioma anterior, que tivemos que desarmar, é o que considerava o diagnóstico e o tratamento como dois momentos não simultaneizáveis. Como se o tempo necessário de observação que deve dar-se o terapeuta ante uma situação recém-conhecida por ele, pudesse isolar-se do vínculo transferencial.

Confundia-se assim uma necessidade do terapeuta com uma necessidade do paciente. Não é o paciente que necessita de um diagnóstico, mas o terapeuta, para poder intervir"

Fernández
(1991, p. 23)

PROCESSO DIAGNÓSTICO

O processo diagnóstico é uma fase muito importante para a intervenção psicopedagógica de um indivíduo com dificuldade na aprendizagem. Neste processo, o psicopedagogo vai investigar aquilo que está acontecendo para que o indivíduo não apresente o resultado esperado na sua aprendizagem, levando-se em consideração as suas capacidades. Trata-se de uma pesquisa a ser realizada para que se possa dar um esclarecimento a uma queixa da família, da escola, do próprio indivíduo e de outro profissional. Assim será possível traçar um plano de intervenção psicopedagógica.

Compreendemos o diagnóstico baseado em dois conceitos que são fundamentais e complementares: o conceito do ser humano e o de problema de aprendizagem.

O ser humano é uma unidade complexa, pluridimensional, transversalizado pela afetividade e pelas relações vinculares. Por estar em relação é contextualizado, devendo tornar-se sujeito da construção de seu próprio saber. Os problemas de aprendizagem estão ligados ao indivíduo como um todo, e o sintoma que emerge do processo de aprender coloca em cena a pessoa total, não existindo causas independentes mas, sim, produtos de uma estrutura global.

Para a psicopedagogia, não se trata de enquadrar o indivíduo em categorias patológicas que possam vir, no futuro, a rotulá-lo, aumentando, assim, sua baixa estima, seu bloqueio para o processo de aprender. O que o psicopedagogo busca é compreender a modalidade de aprendizagem do indivíduo e o que está ocorrendo nessa modalidade para que não tenha sucesso ao investir na aprendizagem. É buscar os dados de sua vida orgânica, cognitiva, emocional e social, para que, de forma global, possa integrar os dados encontrados, analisá-los e chegar a uma hipótese diagnóstica que possibilite o início de uma ação capaz de ajudar o sujeito a retomar o prazer de aprender e a mostrar-lhe sua capacidade para tal, dando-lhe o sentimento de competência. No entanto, é importante ter-se em mente que essa hipótese diagnóstica poderá ser provisória, sendo confirmada ou modificada ao longo de todo o processo de atuação psicopedagógica, só havendo maior clareza ao final do acompanhamento interventivo.

Para que o diagnóstico tenha êxito é necessário que o psicopedagogo faça uso de conhecimentos teóricos e práticos, que possam transformar-se em novos conhecimentos aplicáveis a cada caso em especial. Daí considerarmos o diagnóstico uma estrutura dialética.

No processo diagnóstico, o psicopedagogo utiliza várias técnicas, vários recursos aplicados em fases diferentes, contínuas e subseqüentes. A primeira fase corresponde à queixa apresentada pela família, pela escola e pelo próprio sujeito. Nesta queixa, o psicopedagogo já poderá iniciar uma caracterização do tipo de problema-aprendizagem que será confirmada ou não com a história vital e *com* os demais dados obtidos durante o processo diagnóstico.

Com a utilização dos recursos e das técnicas, poderá o psicopedagogo sustentar se o tipo de problema corresponde a um problema de aprendizagem-sintoma, ou seja, quando surge de causas ligadas à estrutura individual e familiar do aprendente, tomando forma no indivíduo e comprometendo a dinâmica de articulação entre a inteligência, o desejo, o organismo e o corpo. Este fato leva a um aprisionamento da inteligência e da corporeidade através da estrutura simbólica inconsciente (Pain, 1986; Fernández, 1991).

Uma outra forma de aprendizagem patógena é o problema de aprendizagem-reativo que prejudica o aprender do indivíduo nas suas manifestações, surgindo do choque que se dá entre o ser em processo de aprendizagem e a instituição educativa que funciona de forma a retirar o aprendente de seu corpo discente. Daí afirmar Sara Paín (1986) que a educação, enquanto função, se apresenta como alienante ou libertadora, em função do seu uso, ou seja, a educação não é culpada da alienação ou da libertação do sujeito, no entanto, é a forma como se instrumentaliza esta educação que pode ter um efeito alienante ou libertador.

Por fim, poderemos esclarecer se o problema de aprendizagem é de inibição cognitiva. Sua causa se assemelha ao problema de aprendizagem-sintoma, sendo, no entanto, menos comum. Na inibição cognitiva o indivíduo evita o desempenho pleno da função, sem transformá-la. Aqui há uma diminuição, um afastamento do contato com o objeto do pensamento, ou seja, o indivíduo não deixa de pensar, porém evita fazê-lo, sendo o aprender evitado (Pain, 1986; Fernández, 1991). Para que ocorra uma aproximação do objeto de pensamento, é necessário que seus esquemas cognitivos estejam mais desenvolvidos, o que não ocorre com uma criança de tenra idade.

Na compreensão da psicopedagogia como uma área de conhecimento transdisciplinar, e do processo diagnóstico como uma investigação do sujeito com dificuldade de aprendizagem, inserido num contexto social que envolve desde a dinâmica familiar até as relações do contexto mais amplo, apresentaremos, aqui, mais alguns aspectos sobre o processo em estudo.

Vejamos algumas considerações sobre o não-aprender. O não-aprender, o fracasso escolar e as demais variantes do problema de aprendizagem requerem, como nos lembra Bossa (1994, p. 74) "uma análise cuidadosa de sua etiologia e particularidade".

Diferente do fracasso escolar que surge da evolução da sociedade, como uma nova patologia, através da transformação do mundo do trabalho "em uma sociedade cada vez mais tecnicizada" é, portanto, uma patologia nova na sociedade humana. Conforme Cordié (1996, p. 17), o não-aprender é uma patologia que ocorre no processo de aprendizagem do sujeito que se origina a partir de causas intrínsecas à estrutura individual e familiar. É necessário, repetimos, realizar um diagnóstico para poder se construir uma intervenção.

O que o psicopedagogo busca é compreender a modalidade de aprendizagem do indivíduo e o que está ocorrendo nesta modalidade para que não aprenda. Esta modalidade de aprendizagem é construída na família e continuada ao longo de sua história. Lembremos o que nos diz Bossa:

> O diagnóstico psicopedagógico é um processo, um contínuo sempre revisável, onde a intervenção do psicopedagogo inicia, segundo vimos afirmando, numa atitude investigadora, até a intervenção. É preciso observar que esta atitude investigadora, de fato, prossegue durante todo o trabalho, na própria intervenção, com o objetivo de observação ou acompanhamento da evolução do sujeito (1994, p. 74).

Segundo Pain (1986, p. 35), temos de levar em consideração, nos momentos do diagnóstico, os "dados necessários para compreender o significado, a causação e a modalidade de perturbação que em cada caso motiva a demanda assistencial".

AVALIAÇÃO PSICOPEDAGÓGICA: VERIFICAÇÃO DE TALENTOS E POTENCIALIDADES

Pretendemos falar não das lacunas nem dos "déficits" das crianças que apresentam dificuldades no processo de aprender. O nosso enfoque se voltará para o seu potencial de aprendizagem. Para isso, não traremos uma receita pronta nem formas e técnicas já conhecidas, mas uma filosofia que permita uma leitura diferente da que sempre usamos no trabalho com portadores de dificuldades na aprendizagem. Isso não significa que não tenhamos nossas técnicas e testes, já também conhecidos por todos que atuam nessa área diagnóstica.

Pensamos num processo de desenvolvimento em que não apenas se considere a existência de imposições e limites, mas que também exista um sistema aberto, cheio de possibilidades, de criação e de liberdade, conforme nos mostra Campos (1999).

Seguindo essa linha de pensamento, devemos compreender a aprendizagem humana como uma rede plena de interações, vínculos, compromissos e papéis, que constituem um sistema complexo, no qual devemos atuar. Aí teremos o envolvimento não só do aprendente como também da família, da escola, da sociedade, permeados por uma filosofia, uma ideologia e uma política governamental. Convém ainda observar a história de vida de cada elemento dessa rede de sistema e as oportunidades a ele oferecidas. Ademais, faz-se necessário visualizar possibilidades de atuar no plano da subjetividade, pois não há testes e programas elaborados previamente que possam esgotar a diversidade de cada sujeito. Daí o motivo pelo qual temos de entender o processo de aquisição do conhecimento, não como uma deficiência de qualquer ordem, porém como resultante de um vínculo negativo com o aprender, numa relação desprazerosa com o conhecimento. Nesse processo não emerge o desejo de conhecer, não surge a necessidade do indivíduo fazer uso de suas habilidades e funções cognitivas. Quais as dificuldades dele na relação com o conhecimento? Elas decorrem, sobretudo, de sua privação cultural, que não está necessariamente ligada a uma privação social e econômica.

Por tudo isso, trazemos, aqui, para uma reflexão, dois aspectos importantes numa avaliação que não busque os "déficits" e as falhas do indivíduo que fracassa no processo de aprendizagem, mas, sim, suas potencialidades para adquirir conhecimento, a capacidade de usar mais adequadamente suas funções cognitivas:

1. O estudo e a análise da modalidade de aprendizagem que cada um possui, diferenciadamente, de acordo com as relações vinculares que manteve na sua história de vida;

2. O estudo da teoria da modificabilidade cognitiva estrutural, que foi desenvolvida pelo psicólogo e pedagogo romeno Reuven Feuerstein, no Centro Internacional para o Estudo do Potencial de Aprendizagem (ICELP), em Jerusalém. Essa teoria consiste na experiência de aprendizagem mediada – EAM – e no diagnóstico do potencial de aprendizagem. Os aportes teóricos utilizados por Feuerstein advêm de Piaget e Vygotsky, objetivando o seu uso no contexto pedagógico e terapêutico para ajudar a pensar o diagnóstico e a intervenção psicopedagógica na família, na prática clínica, nas instituições escolares.

Modalidades de aprendizagem

O conceito de modalidade de aprendizagem, dado por Alicia Fernández (1991), propicia-nos uma passagem do universal para o particular, da análise estática do aqui/agora para o estudo de um processo dinâmico, de um objeto de conhecimento construído para um objeto de conhecimento em construção. O fundamental aqui é o modo como ocorre o processo de construção de conhecimento no interior do sujeito que aprende.

Cada um de nós apresenta uma forma, um modo singular de entrar em contato com o conhecimento, ou seja, a modalidade de aprendizagem oferece uma maneira própria de aproximação do objeto de conhecimento, formando um saber que lhe é peculiar. Essa modalidade de aprendizagem é construída desde o nascimento do indivíduo, por meio da qual ele se depara com a angústia inerente ao conhecer-desconhecer.

A modalidade de aprendizagem constitui-se numa matriz, num molde, num esquema de operar utilizado nas várias situações de aprendizagem. Assemelha-se à modalidade sexual e à forma de relação que o indivíduo mantém com o dinheiro. Por isso, a modalidade de aprendizagem é sempre singular e específica.

A psicopedagogia, buscando a psicanálise como uma área de conhecimento transdisciplinar, concorda que a primeira pessoa que exerce a "ensinagem", que transmite um conhecimento para alguém, é aquela que cuida do bebê e que se relaciona como ele primeiro. Esta pessoa pode ser a própria mãe ou alguém que exerça a função materna. Este primeiro vínculo instaura o espaço transicional que irá possibilitar a ação de aprender, pois cria uma modalidade de aprendizagem singular, recíproca entre mãe e filho. A mãe pode aprender com o filho, daí porque se posiciona no lugar de quem pode ensiná-lo. Piera Aulagnier[1] chama de "violência primária necessária" o fato de a mãe precisar pensar pelo seu bebê, nos seus primeiros momentos. Ela se utiliza de sua capacidade de pensar para criar uma "fala", "um desejo", como sendo o do seu filho. Porém, ela precisa acreditar que o filho também irá construir sua própria capacidade de pensar e de organizar pensamentos que serão diferentes dos pensados por ela. Portanto, a psicopedagogia, tranversalizada pela psicanálise, crê que para aprender a pensar necessita-se de um outro que é, ao mesmo tempo, semelhante e diferente, e que irá dar a possibilidade ao indivíduo de tornar-se sujeito, pois aquele que ainda não se constituía como sujeito, para existir como tal, precisa de um outro que lhe dê esta condição. No entanto, é preciso que o outro reconheça o processo de pensar desse sujeito, que lhe outorgue o direito de pensar diferente dos outros. Assim, constituída uma modalidade sadia de aprendizagem, provavelmente esse ser-sujeito vai se relacionar de modo diferente quanto ao conhecimento, quanto à maneira de se colocar diante da agressividade, da violência, e de todas as outras vivências de sua vida, pois construiu uma forma particular de aprender.

Pelo conhecimento da modalidade de aprendizagem do sujeito, poderemos introduzir um aparato pedagógico que atenda às necessidades específicas do aprendente. Tais necessidades específicas é que vão nortear nosso trabalho. Podemos exemplificar com o caso de uma criança que constantemente manuseia os objetos a ela apresentados. Isso indica que sua modalidade de aprendizagem a faz privilegiar o tato como uma forma de entrar em contato com o objeto de conhecimento. A especificidade da necessidade leva-a a desenvolver uma forma própria

---

1 Referência nas apostilas de Beatriz Scoz, fornecidas no curso de especialização em psicopedagogia, na aula "Modalidades de aprendizagem do psicopedagogo", em 1988.

de construir seu conhecimento e chegar ao saber direcionado para o lado tátil. Portadores desse conhecimento, psicopedagogos e professores usarão atividades que propiciem o ensino das diferentes texturas dos objetos ou, mesmo, solicitarão ao aprendente falar como é o seu modo particular de perceber o mundo, para daí poderem investigar a forma pela qual este sujeito está construindo seu conhecimento.

Segundo Pain (1986), as modalidades de aprendizagem do indivíduo, por sua vez, dependem das modalidades de inteligência. O estudo dessas modalidades vem da análise realizada por Piaget acerca do movimento de acomodação e do movimento de assimilação que o sujeito realiza, para adquirir as primeiras aprendizagens assistemáticas, e que caminharão com ele até chegar às aprendizagens sistemáticas, cujos aspectos positivos e negativos dependerão da maneira como as relações vinculares permeiam esse processo. Pain considera que os referidos movimentos piagetianos, quando perpassados por vínculos negativos, desenvolvem uma hiper e/ou hipoacomodação, ou uma hiper e/ou hipoassimilação, que construirão, no sujeito, modalidades de inteligência patógena.

Com relação às modalidades de inteligência, achamos interessante resumi-las de acordo com a visão de Fernández (1991) e Pain (1986), estabelecendo as relações e conseqüências na aprendizagem.

Hipoassimilação
- Modalidade: pobreza de contato com o objeto, esquemas de objeto empobrecidos.
- Conseqüência: incapacidade de coordenar estes esquemas, déficit lúdico e criativo, prejuízo da função antecipatória, da imaginação e da criação.

Hiperassimilação

- Modalidade: precocidade na internalização dos esquemas representativos, predomínio do lúdico e da fantasia, subjetivação excessiva.
- Conseqüência: não permite antecipação de transformações, desrealização do pensamento, resistência aos limites, dificuldade para resignar-se.

Hipoacomodação

- Modalidade: não respeito ao ritmo, ao tempo da criança, não obediência à necessidade de repetição de uma experiência, reduzido contato com o objeto.
- Conseqüência: déficit na representação simbólica, dificuldade na internalização das imagens, problemas na aquisição da linguagem, falta de estimulação, abandono.

Hiperacomodação

- Modalidade: superestimulação da imitação, reduzido contato com a subjetividade, falta de iniciativa, obediência cega às normas, submissão, não dispõe de suas experiências anteriores.
- Conseqüência: superestimulação da imitação, falta de iniciativa, obediência acrítica às normas, submissão.

A partir deste esquema sobre as modalidades de inteligência, o sujeito constrói sua não-aprendizagem da seguinte forma:

Hipoassimilação/Hiperacomodação

- Alunos "bonzinhos", mas que não colocam significados; imitação estereotipada.
- Modalidade dominante na escola.

Hiperassimilação/Hipoacomodação
- Problemas de aprendizagem com estrutura psicótica ou de sintoma.

Hipoassimilação/Hipoacomodação
- Não reproduz, não fantasia,
- Inibição cognitiva.

Outro aspecto que o psicopedagogo deverá considerar: o processo ensino-aprendizagem é sempre um caminho de via dupla. As modalidades de aprendizagem que interferem neste processo dizem respeito não exclusivamente ao aprendente, mas também ao ensinante. Isso nos leva a refletir acerca de nossa própria modalidade de aprendizagem e, dessa forma, podemos compreender qual o significado que um processo de avaliação tem para nós, educadores.

Dando continuidade a esta análise, discorreremos, agora, sobre a teoria da modificabilidade cognitiva estrutural, de Reuven Feuerstein.

Teoria da modificabilidade cognitiva estrutural

Para entender o que Feuerstein chama de modificabilidade cognitiva estrutural, consideramos necessária uma compreensão particular que o autor dá aos termos nomeadores de sua teoria. Abriremos um parêntese para explanar sobre estes termos.

Feuerstein considera modificabilidade não apenas um conceito de mudança. Para ele, implica a capacidade ou possibilidade de ser modificado. Nessa concepção, deve-se rever o conceito de inteligência, tomando como pressuposto as variáveis do rendimento do indivíduo numa situação de teste e em outras situações. Feuerstein percebe que, numa situação formal de teste, o indivíduo pode apresentar um retardo, que não ocorreria numa situação cotidiana, social ou escolar. Mostra que nessas situações, o rendimento do indivíduo apresenta um nível maior. Daí seu conceito de inteligência ser a propensão ou potencial para mudança, para adaptar-se a novas situações, aprender o que é desconhecido com um mínimo custo ou dispêndio de energia. A modificabilidade refere-se à vida mental e aos aspectos internos, cognitivos que, para ele, não são previsíveis e regulares. O conceito de modificabilidade conduz a uma visão dinâmica, considerando os aspectos interacionais vygotskyanos do funcionamento intelectual.

Por que cognitiva? Para Feuerstein, a cognição não é o único aspecto do ser humano que é modificável, nem o único que influi no comportamento. Ressalta a importância da cognição, afirmando que a aptidão para pensar tem um papel central no processo de modificabilidade e adaptação do indivíduo. Considera-a como ponto de partida que irá refletir nos aspectos emocionais e motivacionais, pois: a) o campo cognitivo é muito estruturado e mais fácil de analisar de forma sistemática; b) os casos de inadaptação social e escolar têm relação com aspectos do pensamento e do afeto; c) o indivíduo, ao se sentir-se invadido em sua individualidade, resiste a uma intervenção; d) a carência da linguagem rica e precisa não traduz os sentimentos e emoções do indivíduo.

O terceiro elemento refere-se ao conceito de estrutura. Feuerstein considera que nem todos os elementos são estruturais. Utiliza o conceito piagetiano para afirmar que a estrutura trabalha com a idéia de totalidade em contínuo processo de ampliação e fortalecimento; que há relação e coordenação entre esquemas, permitindo generalização para outros esquemas; que há uma coordenação de vários esquemas relacionados, formando uma estrutura mais "forte" em termos de extensão e compreensão; que estrutura é uma forma de equilibração; que se há mudança em apenas um aspecto, não há mudança estrutural.

Reuven Feuerstein nasceu na Romênia, em 1921. Graduou-se em psicologia e pedagogia em Bucareste; estudou em Genebra, na Suíça, onde trabalhou com André Rey e Piaget. Passou ainda pela Universidade de Sorbonne, em Paris, onde fez o PhD. em psicologia do desenvolvimento. Iniciou seu trabalho psicopedagógico com atuação junto às pessoas sobreviventes do holocausto, com portadores da Síndrome de Down, e também com pessoas "normais" que apresentavam problemas de aprendizagem. Feuerstein acredita que se pode elevar a capacidade intelectual de uma pessoa, seja criança, adolescente ou adulto, com o auxílio de um mediador.

Seu trabalho divide-se em duas principais áreas: uma teórico-conceitual, outra pedagógico-instrumental, ambas de forma integrada. Sua maior experiência é com crianças com baixos índices de rendimento cognitivo-intelectual. Observou que os instrumentos utilizados na avaliação diagnosticavam o fraco nível intelectual, mas não as ajudavam a melhorar o potencial cognitivo. Começou a preocupar-se com as crianças que não dispunham de nenhuma ajuda para elevar seu potencial cognitivo, até mesmo porque os profissionais não realizavam uma avaliação voltada para a observação do potencial que elas pudessem apresentar. Criou, então – e durante anos testou – um instrumento que lhe deu suporte psicopedagógico ao trabalho. Construiu, assim, dois programas que integram seu método:

1. Programa de enriquecimento instrumental – PEI;
2. Avaliação do potencial de aprendizagem – LPAD (Learning potential assessment device).

O *programa de enriquecimento instrumental – PEI*

A elaboração teórica de Feuerstein está basicamente vinculada à de Piaget e Vygotsky, mas se observa maior aproximação com a teoria deste último, ou seja, com a fundamental presença nos conceitos elaborados pelo romeno.

Vygotsky explica seu conceito de desenvolvimento cognitivo num primeiro nível, num plano biológico, através do qual os processos psicológicos ocorrem em função da maturação orgânica – denominados de "processos psicológicos naturais". Aqui existe uma semelhança com o desenvolvimento cognitivo estudado por Piaget. Num segundo nível, o autor explica que o desenvolvimento cognitivo se dá por causa de um demorado processo de mediação sociocultural, no qual a criança chega lentamente a operar, na sua mente, os processos psicológicos superiores numa inter-relação sociopsicológica. É através das relações interpsíquicas que se constroem as estruturas intrapsíquicas, fazendo, assim, o processo psicológico da internalização desenvolver, na criança, as estruturas lingüísticas e cognitivas (Beyer, 1996).

Por intermédio dessa teorização de Vygotsky, Feuerstein desenvolve o conceito de experiência de aprendizagem mediada – EAM, idéia principal de sua teoria. Como o desenvolvimento cognitivo dá-se através do processo da aprendizagem da criança em interação direta com o meio, a aprendizagem dar-se-á através de uma mediação intencional das pessoas mais próximas.

Por outro lado, os instrumentos de avaliação utilizados, na ocasião, evidenciavam um percentual muito alto de pessoas com inteligência abaixo da média. Esse fato levou os pesquisadores que trabalhavam com Feuerstein a concluírem que tal desvio da média acontecia em função das diferenças culturais; as dificuldades cognitivas eram determinadas mais por fatores socioculturais do que intelectuais. Feuerstein conclui, então, que as dificuldades cognitivas da criança e dos adolescentes decorriam de deficiência cultural e, não necessariamente, da carência econômica. A conotação dada ao termo "deficiência" se referia à observação de que alguma coisa não caminhava bem nos processos cognitivos da criança. Concluiu mais: por meio de uma experiência de aprendizagem mediada, o indivíduo desenvolve-se cognitivamente de forma adequada, surgindo sua teoria de modificabilidade cognitiva, para cuja prática elaborou o programa de enriquecimento estrutural – PEE.

O PEI está elaborado com base numa representação analítica dos processos mentais que Feuerstein chama de mapa cognitivo. Esse mapa oferece a possibilidade de se analisar o perfil cognitivo do sujeito com dificuldades de aprendizagem, auxiliando a aplicação dos instrumentos que compõem o PEI.

O mapa cognitivo nos permite uma análise – dada por Beyer (1996) – das seguintes dimensões nele contidas:

1. A dimensão do conteúdo – apresenta fatores importantes a serem considerados; poderá ser estranho ao sujeito, absorvendo, assim, maior energia e atenção, precisando de um tempo adicional para solucionar o problema e dominar o conteúdo. O outro fator é que, sendo muito familiar, ou até banal, poderá desmotivar o sujeito para o trabalho de resolução do problema;

2. A dimensão das operações do pensamento, definidas por Feuerstein como "um grupo de atividades cognitivas interiorizadas, sistematizadas e coordenadas umas às outras" (*in* Beyer, 1996, p. 106). A criança já pode ter esquemas cognitivos necessários, na memória, mas ainda necessita de novas construções para essa operação do pensamento;

3. A dimensão da modalidade – pode ser variada, como figurativa, numérica, simbólica ou verbal, sendo quase sempre simultânea. No trabalho psicopedagógico, deve-se verificar, em primeiro lugar, qual é a modalidade preferencial na representação mental, determinando, dessa forma, que caminhos o mediador deverá seguir para que o sujeito solucione o problema sem maiores dificuldades;

4. A dimensão das fases – diz respeito aos vários momentos do pensamento que o sujeito utiliza para a solução do problema. Aqui, Feuerstein determina as fases de assimilação, de elaboração, de resposta que devem estar integradas para a solução da tarefa. Esse conceito é muito importante para o autor, uma vez que, por esse ato mental, o mediador pode localizar onde se encontra a inadequação da resposta;

5. A dimensão do grau de complexidade, cujo nível depende de informações necessárias para a solução da tarefa, de fatores objetivos e subjetivos, como quantidades de elementos a ser considerados, de que forma o problema foi colocado e que operações foram requisitadas (objetivo) e a familiaridade do sujeito com a tarefa (subjetivo);

6. A dimensão do grau de abstração – considera o "distanciamento espaço-temporal entre a atividade mental e o

objeto ou o acompanhamento alvo da representação" (Beyer, 1996, p. 108) e é estabelecida por Feuerstein como uma hierarquia de níveis de abstração;

7. A dimensão do grau de efetividade – analisa aspectos como motivação, cansaço, doença, condições emocionais que influenciam na eficiência do rendimento do sujeito na solução do problema.

Dessa forma, acreditamos que a avaliação deve ser utilizada como um processo sistemático, a fim de que se possa receber informações de como o nível de modificabilidade, em determinadas áreas do desenvolvimento do sujeito vem se processando, como também das características dinâmicas de seu potencial de aprendizagem. Essa avaliação deve ser constante, fazer parte do processo de ensino-aprendizagem do aprendente, o que irá possibilitar, necessariamente, uma modificação na intervenção do educador no processo. Permite-nos, ainda, avaliar a coerência do modelo interventivo e a relação das estratégias encadeadas e interdependentes, atingindo uma dimensão totalizadora, não dando chance a que o problema de aprendizagem se instale.

Torna-se claro, assim, que o educador, seja professor, seja psicopedagogo, estará junto com o aprendente, em constante processo também de aprendizagem.

Consideramos, também, importante ressaltar que uma avaliação psicopedagógica deve levar em consideração os vários sujeitos e sistemas que se encontram muito inter-relacionados.

O professor/psicopedagogo deve considerar que a avaliação psicopedagógica é sempre um processo contínuo e não apenas um produto. Enquanto processo contínuo deve ser considerado o constructo hipotético realizado por meio da atuação dos processos mentais. Na avaliação com esta conceituação, o examinador faz a análise dos processos mentais, a fim de: identificar as funções cognitivas, as operações mentais e as estratégias de trabalho que estão adequadas ou deficientes; verificar as potencialidades e os talentos do sujeito; identificar todos os componentes cognitivos de uma tarefa proposta, evitando o trabalho intuitivo, automático, realizando uma análise consciente e utilizando a metacognição. A partir daí, o conceito de deficiência é transformado. O indivíduo será um ser diferente, como todos o somos, com características próprias, circunstanciado por aspectos sócio-histórico-culturais próprios.

Novamente lembramos Vítor da Fonseca, quando diz ser a criança um sujeito aberto às mudanças, podendo adquirir novas possibilidades e novas capacidades.

A NÃO-APRENDIZAGEM E A QUESTÃO DO GÊNERO

O tema escolhido para elaboração deste trabalho relaciona-se com o objeto de estudo de nossa atuação profissional e com a nossa pretensão de pesquisa. Trata-se de um tema por cuja cena passam as crianças e os adolescentes com os quais trabalhamos, já há bastante tempo. Assim é que escolhemos, dentre os eixos de análises dos processos cognitivos, aquele que tem um significado muito grande para esta questão. Desta forma, discorreremos sobre a cognição e a afetividade.

O processo de ensino-aprendizagem e os percalços que ocorrem neste processo, objeto de estudo da psicopedagogia, têm sido preocupação constante das pessoas que trabalham com as dificuldades das crianças e adolescentes no seu processo de aprendizagem. Muito se tem escrito, muito se tem dito, mas questões continuam sendo levantadas, analisadas e discutidas.

Dentre essas, distinguimos algumas por estarem presentes na maioria dos casos atendidos:

1. Por que a criança não aprende, apesar de apresentar um bom nível intelectivo, de não possuir distúrbios percepto-motores, nem déficits de nenhuma ordem?
2. Na personalidade do indivíduo, existem aspectos afetivos e estruturais que apresentam distintos níveis de desenvolvimento?
3. Em que nível estes aspectos contribuem para o resultado ótimo na aprendizagem?
4. O estudo da afetividade, enquanto aspecto energético da estrutura cognitiva, é importante para se entender as barreiras da aprendizagem?
5. O obstáculo epistemofílico, o epistêmico e o funcional constituem-se numa limitação para a aquisição do conhecimento?

Essas são questões que permeiam o estudo dos problemas de aprendizagem. Encontramos nas investigações de Piaget e seus colaboradores uma irrefutável relação entre os movimentos de assimilação e acomodação e os obstáculos epistemofílicos, tais como: resistência a aprender por medo da aquisição de novos conhecimentos, por medo de que esses conhecimentos novos ataquem os já existentes, e por medo de perder os já adquiridos (Visca, 1991).

Definiríamos como problema de aprendizagem uma dificuldade que ocorre no processo de aprendizagem do indivíduo, quaisquer que sejam suas causas, e que apresenta como conseqüência um desenvolvimento muito inferior àquele que lhe é estruturalmente possível.

Para Pain (in Scoz, 1987), esses problemas não são considerados como o contrário de aprender, mas sim como um processo diferenciado de aprender, um "estado particular" que, para se equilibrare, adota um comportamento diferente – como não-aprender – desempenhando, desta forma, uma função positiva.

Parente (1987) afirma que o problema de aprendizagem é considerado como um sintoma, tendo, dessa forma, o "não-aprender" uma função tão integradora como o aprender. Diz, ainda, que a origem desse problema está relacionada com o tipo de relação vincular estabelecido pela criança, desenvolvido e articulado nas primeiras relações com a mãe, no contexto familiar.

Dentre os casos de problema na aprendizagem, observa-se nas crianças do sexo masculino, uma percentagem maior do que nas crianças do sexo feminino.

Fernández (1997) diz ter observado que a maioria das crianças levadas à consulta por apresentar fracasso na escola era do sexo masculino: num universo de quinhentas crianças, 70% eram homens e 30% eram mulheres. Analisando esta situação, acredita estar o problema da afetividade influindo no desenvolvimento cognitivo dessas crianças. Igualmente, Pamplona (1985) apresenta o fato de problemas de aprendizagem serem mais encontrados nas crianças do sexo masculino, numa proporção de, para cada três crianças, duas serem do sexo masculino.

Motiva-nos o estudo do tema, por considerar, por meio da observação de inúmeros casos atendidos, que o problema da afetividade exerce uma parcela significativamente importante no desenvolvimento cognitivo do sujeito. O estudo da relação entre afetividade e cognição poderá guiar-nos no caminho de uma pesquisa esclarecedora sobre o problema de aprendizagem nas crianças do sexo masculino, produzindo um conhecimento em que se possa rever o processo de aprendizagem, abrindo espaços objetivo (trabalhando os processos cognitivos) e subjetivo (trabalhando a afetividade) para a autoria de pensamento.

Vejamos alguns aspectos teóricos tomados para que pudéssemos discorrer sobre o tema. Piaget defende que a inteligência se constitui numa adaptação de conhecimentos sobre o meio ambiente e sua utilização. Para que esta adaptação se torne mais perfeita, faz-se necessário investigar a maneira como esses conhecimentos são adquiridos. Este questionamento é o objeto principal da epistemologia genética (Dolle, 1993).

É o próprio Piaget (in Dolle, 1993) que defende não haver mecanismo cognitivo sem interferência de elementos afetivos. Para esclarecimento desse assunto, reportamo-nos ao escrito por Dolle (1993). O autor apresenta duas teses defendidas por Piaget: uma, em que "a afetividade desempenharia o papel de uma fonte energética da qual dependeria o funcionamento da inteligência" (p. 101); outra, afirmando que "a afetividade pode ser a causa de acelerações ou retardos no desenvolvimento intelectual" e que "ela própria não engendra estruturas cognitivas, nem modifica as estruturas do funcionamento nas quais intervém" (p. 101). Transportando essa fala de Dolle para nossa prática em atendimento com crianças não aprendentes, o que verificamos é que este fato ocorre mais sistematicamente nas crianças do sexo masculino, objeto de estudo na proposta dessa pesquisa.

O fato é que não se pode negar que a afetividade intervém a toda hora nos conteúdos, propiciando de forma positiva ou negativa a aquisição de novos conhecimentos. É importante, pois, que entendamos ser o sujeito constituído de duas funções relevantes. A primeira, a função do sujeito epistêmico, enquanto construtor de seu conhecimento; a segunda, a função do sujeito psicológico constituído de um sistema de significações, de uma força energética, chamada de pulsão epistemofílica. Nas crianças do sexo masculino, esta força energética encontra-se mais freqüentemente bloqueada, propiciando um não-aprender.

Para Piaget, a estrutura lógica é uma estrutura genética, o conhecimento se constrói. A inteligência procura objetivar, generalizar, classificar, ordenar, buscar semelhanças, igualdades e opostos. A inteligência é uma estrutura lógica, enquanto a afetividade apresenta uma dimensão desejante, é subjetivante, é simbólica, significante e alógica (Fernández, 1990). Este fato passa despercebido pela maioria dos educadores, o que leva a uma aprendizagem não significativa, não desejante e alógica para os diferentes gêneros, produzindo um efeito negativo mais acentuado na aprendizagem das crianças do sexo masculino do que nas do sexo feminino.

Sobre o assunto, Ingleby (1982) fala acerca da distinção desses dois conceitos, analisando-os num nível abstrato e fazendo referência às concepções freudianas. Ingleby equipara afeto a "motivos" e cognição a "crenças", considerando que os dois termos não são logicamente relacionados.

Freud apresenta uma postulação de que as forças libidinais são investidas em zonas erógenas que estão presentes, no seu funcionamento, na formação da personalidade e que possuem suas próprias estruturas. Com isso, ele estabelece a teoria do desenvolvimento psicossexual, cujo estudo embasa uma relação entre a afetividade e a cognição.

Apesar de tantos escritos, ainda restam questões em aberto para o esclarecimento do tema. Portanto, nunca é demais se trazer à tona novas proposições.

De acordo com Dolle (1993), "Desde o nascimento, a criança faz irrupções em um meio carregado de significações que a envolvem por todos os lados". Mais adiante, acrescenta: "o mundo da criança está impregnado de 'legalidade', de sentido e de significações. Ora, é pela sua atividade que a criança se apropriará dessas significações e criará outras que lhe serão próprias" (p. 106).

É, pois, por meio da interação com objetos e pessoas que a criança vai descobrindo o mundo e a forma como agir sobre ele. Neste sentido, encontramos várias formas de construção do conhecimento. No modelo apresentado por Visca (1991), a aprendizagem é concebida como uma construção intrapsíquica, que apresenta uma continuidade genética e que é resultante de condições prévias energéticas e estruturais do sujeito e de condições ambientais. O modelo de Visca se enquadra em quatro níveis:

1. A proto-aprendizagem, que se caracteriza pela construção de uma reação vincular que vai desde o nascimento da criança até quando ela se conecta com seu grupo familiar. Aqui, a aprendizagem se dá pelas interações de natureza biológica com a mãe que se constitui no único objeto mediatizador de características culturais e familiares. Neste nível, os processos intrapsíquico e interpsíquico – presentes ao longo de toda vida – assumem uma importância especial;

2. A deutero-aprendizagem se caracteriza pela cosmovisão do grupo familiar. Aqui, o objeto de interação da criança se constitui nos membros do grupo familiar e as relações entre si e com os objetos. No interjogo criança/objeto/família são produzidos os investimentos mais variados, e que antes estavam concentrados na mãe;

3. A aprendizagem assistemática constitui-se no resultado de interações entre o sujeito e a comunidade a que está restrito. Neste nível, o sujeito se instrumentaliza,

podendo desempenhar-se na sociedade sem possuir conhecimentos. Para Visca,

O caráter assistemático é dado não porque nos âmbitos intrapsíquicos e sociais falte uma organização de seus fatores constitutivos, mas sim porque os intercâmbios propostos pelo meio carecem do nível de consciência, graduação, ritmo e metodologia com que se efetiva nas instituições educativas (1991, p. 26).

4. A aprendizagem sistemática é o produto da interação com os objetos e com as situações veiculadas pela sociedade, por intermédio das instituições escolares. Neste nível, encontram-se as aprendizagens instrumentais, conhecimentos fundamentais, aquisições transculturais, formação técnica e aperfeiçoamento profissional.

O que se observa nos níveis de aprendizagem propostos por Visca é que no interjogo das relações vinculares estabelecidas pela criança, tanto no contexto familiar quanto fora dele, as estruturas energéticas constituem-se numa força impulsionadora. Esta força poderá facilitar ou obstaculizar o desenvolvimento das estruturas cognitivas.

Já se pode observar a existência de evidências empíricas de paradigmas, nos quais os problemas de aprendizagem não podem ser analisados somente pensando a cognição como processamento de informações, mas, sim, como uma junção da cognição com a afetividade. Não é fácil unir esses dois aspectos, do ponto de vista teórico. No entanto, a prática nos mostra que os "esquemas afetivos" são uma presença constante. O afeto organiza-se formando esquemas, da mesma forma que os processos cognitivos. Daí considerarmos importante fazer uma relação entre a interação socioconstrutivista e o estudo da afetividade, à base das análises de Freud.

O processo de adaptação formulado por Piaget se dá de acordo com um duplo movimento de assimilação e de acomodação. Pela assimilação, o indivíduo transforma a realidade visando à integração da mesma às possibilidades de sua própria ação. Na acomodação, o caminho é inverso: mudamos nossos esquemas para que haja acomodação a um novo estímulo (Pain, 1996). O enfoque dado por Piaget a esses movimentos é o da adaptação da criança ao ambiente. A adaptação a que Piaget se refere é "um equilíbrio entre a assimilação de novas informações dentro das categorias já disponíveis, e a acomodação de informações iniciais formando novas categorias, assim alterando estruturas internas" (Tyson & Tyson, 1993, p. 19). O desenvolvimento da mente ocorre mediante uma série de estágios que, segundo Piaget, apresenta leis e lógicas próprias, seguindo uma seqüência ontogenética. As tensões criadas a partir de novas experiências formam o desequilíbrio dentro do sistema, de onde surge o equilíbrio como um processo de auto-regulação que vai eliminar as tensões e, neste processo, o indivíduo vai mudando para estágios cada vez mais elevados da organização mental.

Durante esse processo, ocorre a interação do bebê com sua mãe, contexto inicial de interações afetivas da criança com o ambiente, que vai formar as representações mentais de si mesma, do outro e da própria interação. Através de processos de internalização, as estruturas psíquicas vão se formando e, com a interação, surge um campo propício para a aprendizagem.

É importante, neste trabalho, analisar as proposições de Pain (1996) sobre a interferência da afetividade nos movimentos de assimilação e acomodação propostos por Piaget. No período sensório-motor – quando a inteligência se dá através da ação que a criança exerce sobre o mundo, a assimilação dos objetos aos esquemas e a transformação destes esquemas pela acomodação –, observa-se uma plasticidade com uma regulação dialética. Em outro período, o representativo-intuitivo, observam-se atividades caracteristicamente assimilativas, como o jogo, e outras acomodativas, como a imitação, que possibilitam a internalização das imagens.

Os problemas de aprendizagem ligam-se a perturbações que ocorrem determinando uma inibição no processo de passagem do momento de assimilação para o de acomodação, ou do predomínio de um sobre outro, não ocorrendo a equilibração, o que impede a possibilidade da ocorrência da aprendizagem. A causa dessa inibição está normalmente ligada ao tipo de relações vinculares estabelecidas entre a criança, sua mãe e seu contexto familiar.

Sobre o assunto, reforçamos o que Pain nos descreve:

> A inibição precoce de atividades assimilativo-acomodativas dá lugar à modalidade nos processos representativos, cujos extremos podemos caracterizar da seguinte maneira:
>
> – hipoassimilação: os esquemas de objetos permanecem empobrecidos, bem como a capacidade de coordená-los. Isto resulta num déficit lúdico, e na disfunção do papel antecipatório da imaginação criadora;
> – hiperassimilação: pode dar-se uma internalização prematura dos esquemas, com um predomínio lúdico que ao invés de permitir a antecipação de transformações possíveis, desrealiza negativamente o pensamento da criança;
> – hipoacomodação: que aparece quando o ritmo da criança não foi respeitado, nem sua necessidade de repetir muitas vezes

a mesma experiência. Sabemos que a modalidade da atividade do bebê é a circularidade, mas esta não pode ser exercitada no caso de perder-se o objeto sobre o qual se aplica; isto por sua vez atrasa a imitação adiada e, portanto, a internalização das imagens. Assim, podem aparecer problemas na aquisição da linguagem, quando os estímulos são confusos e fugazes;
– hiperacomodação: acontece quando houve superestimulação da imitação. A criança pode cumprir as instruções atuais, mas não dispõe de suas experiências nem de sua experiência prévia com facilidade (1996, p. 47).

A partir do dito por Pain, pode-se compreender a importância do estudo e da análise da influência dos aspectos afetivos do sujeito na constituição de seus esquemas e na representação desses esquemas diante da resolução de problemas.

Lajonquière (1992) escreve sobre as condições que determinam os percalços do sujeito no seu processo de aprendizagem. Para este autor, a espontaneidade da equilibração majorante não responde ao problema, uma vez que ele se coloca na "singularidade (desejante) de um sujeito e não de um organismo transvestido de sujeito mais ou menos psicológico" (p. 104). Acrescenta mais, que o problema de aprendizagem não é somente determinado por uma "carência" cognitiva, mas está, "precisamente, à ordem da inibição (freudiana)" (p. 105). O autor enfatiza não poder o sujeito epistêmico modificar uma teoria cujos "fatos" provam o contrário, ou seja, a dimensão significante inconsciente inibe o mecanismo inteligente.

Pain (1996) enfatiza, igualmente a Lajonquière que, para haver a ocorrência satisfatória da aquisição do conhecimento pelo sujeito, faz-se necessária uma equilibração entre o organismo, o corpo, o desejo, os esquemas cognitivos (inteligência) e as atitudes comportamentais. Complementa Fernández (1991) que, quando isto não ocorre, o sujeito apresenta um problema de aprendizagem-sintoma ou um problema de aprendizagem por inibição cognitiva.

Permanece o questionamento sobre a ocorrência de problemas de aprendizagem em nossas crianças, particularmente naquelas do sexo masculino. Com o objetivo de pesquisar e analisar mais o tema é que tentaremos buscar mais informações.

Diante do exposto no item anterior, colocamos duas questões a serem pesquisadas, analisadas e estudadas:

– Será que as crianças do sexo masculino estão realmente mais sujeitas aos problemas de aprendizagem do que as crianças do sexo feminino?
– Se assim o for, a que fatores se deve esta situação?

Partindo do princípio de que as crianças do sexo masculino têm um grau de problemas de aprendizagem bem mais elevado do que as crianças do sexo feminino, variando de 70 a 80%, acreditamos que, se os fatores que podem provocar essa diferença forem identificados, poderá ser produzido um conhecimento por meio do qual se possa rever o processo de aprendizagem das crianças do sexo masculino, estimulando-se as suas potencialidades e devolvendo-lhes o prazer e o interesse pela aquisição de conhecimento, como forma de crescimento pessoal.

Acreditamos que esses fatores estejam relacionados a uma postura cultural e que, conseqüentemente, as relações vinculares que permeiam o processo de aprendizagem do sujeito poderão afetar tão significativamente as suas estruturas afetivas que estas, por sua vez, inibirão as estruturas cognitivas, impedindo-o de aprender. Como vimos anteriormente, na vivência com crianças apresentando o sintoma do não-aprender, o afeto se organiza formando esquemas igualmente aos processos cognitivos, e esses esquemas afetivos são uma constante nas crianças do sexo masculino. Isto nos leva a considerar a importância de se pesquisar a relação entre a interação socioconstrutivista e o estudo da afetividade, com base na análise dos vínculos que se deram nas várias aprendizagens apresentadas na fundamentação teórica do capítulo anterior.

O que se observa é a crescente incidência de fracassados na escola. Incluímos, nestes fracassados, aqueles que deixam a escola por repetência, por desinteresse, por considerar que podem exercer uma profissão sem escolaridade. Também consideramos fracassados aqueles que permanecem na escola, porém com rendimento muito baixo, com recuperação em quase todas as disciplinas e com constantes chamadas dos pais pelos professores.

São crianças e adolescentes que mantêm uma baixa auto-estima e que, por isto mesmo, respondem sempre segundo o que deles é esperado, ou seja, fracassam nas avaliações, têm um relacionamento indesejável com os professores e com seus pares, por isso mesmo tornando-se marginalizados em sala de aula.

O que procuramos verificar é o crescente aumento do número de crianças do sexo masculino na estatística daqueles que estão saindo da escola por não conseguirem sucesso no processo de aquisição de conhecimento. Com isto, e levando em consideração que um envolvimento da afetividade na inibição das estruturas cognitivas venha a ser comprovado, poderemos repensar nosso trabalho, incluindo com maior intensidade a família no contexto do processo ensino-aprendizagem de nossos alunos.

Revendo um pouco os processos de construção dos esquemas cognitivos, podemos concluir, aprioristicamente, que não se pode analisar o tema proposto, acreditando apenas na cognição como processamento de informação, desvinculado da organização dos esquemas afetivos. Na construção dos esquemas cognitivos existe uma junção, que deve ser harmoniosa, com os esquemas afetivos. Se a teoria dificulta essa junção, considero que a prática poderá nos mostrar a presença constante da ligação que existe no processo de organização dos esquemas afetivos e cognitivos. Eles se organizam independentemente, porém com uma interação e uma influência recíproca.

Da mesma forma que os processos cognitivos se organizam por meio de uma construção, o afeto também assim se processa. O que pretendemos analisar é a forma como esses processos – afetivo e cognitivo – se organizam na criança do sexo masculino, que provoca um diferencial tão acentuado entre estas e as crianças do sexo feminino.

Este não é um trabalho conclusivo. Ele levanta um questionamento que procuramos investigar, pois o problema de aprendizagem não é determinado apenas por uma carência cognitiva nem social. A prática tem mostrado que a dimensão significante inconsciente inibe o mecanismo inteligente. Assim, os questionamentos iniciais e que permeiam todo o trabalho ainda se constituem, como seu fechamento:

- As relações vinculares, formadoras de esquemas afetivos, interferem na formação dos esquemas cognitivos, inibindo-os ou desenvolvendo-os?
- Nas crianças do sexo masculino, essa interferência é mais fadada a uma inibição do que nas crianças do sexo feminino?

O trabalho psicopedagógico estuda a atuação nessas questões, tentando evitar ou debelar os problemas de aprendizagem do sujeito global, facilitando o processo de aprendizagem, para que o fracasso escolar nunca ocorra. Nesta ótica, o ser enquanto aprendente é visto pela psicopedagogia como um ser ao mesmo tempo cognitivo, afetivo e social. O ser aprendente é um ser sistêmico, que leva consigo toda uma relação que se estabelece com sua *entourage*. Desta forma, a psicopedagogia precisa de um olhar e de uma escuta diferentes. Veremos, agora, como entendemos a psicopedagogia com este olhar e esta escuta.

OLHAR E ESCUTA PSICOPEDAGÓGICA NA CLÍNICA

A psicopedagogia, procurando estudar, explicar, diagnosticar e tratar os problemas da não-aprendizagem, é uma área de conhecimento recente, dos meados do século XIX, levando-se em consideração o estudo de outras áreas do conhecimento na história da humanidade. Ela surge da necessidade sentida por profissionais de começarem a estudar e trabalhar temas pertinentes a problemas relacionados com a conduta e o comportamento do indivíduo, principalmente no que se referia a seu desenvolvimento cognitivo, afetivo, emocional, orgânico e motor. Nesta ocasião, houve uma tentativa de articulação entre a medicina, a psicologia e a pedagogia, objetivando a solução para os problemas do fracasso escolar. Desde então começaram a proliferar na Europa, nos Estados Unidos e, mais recentemente, na Argentina, os estudos de profissionais ligados aos sintomas da não-aprendizagem.

É com base nestes estudos e na práxis psicopedagógica que procuramos, aqui, fundamentar nossa fala sobre o olhar e a escuta psicopedagógica na clínica. O mais importante é o profissional psicopedagogo saber que a abordagem e o tratamento devem ter uma metodologia que vai se fixando em cada caso, na medida em que a problemática daquela criança ou adolescente atendido vai se apresentando. Cada situação é única e para cada caso o profissional deverá ter atitudes específicas, de acordo com a situação que se apresenta.

Em princípio, os problemas de aprendizagem, segundo Pain (1986) e Fernández (1991), podem ter sua origem em causas internas ou externas à estrutura familiar e individual, ou em ambas. Aos problemas impulsionados pelas causas externas, as autoras chamam de "problemas de aprendizagem reativos", denominação derivada da idéia de que esses problemas se formam a partir de uma reação utilizada pelo sujeito para algo que o está incomodando no seu ambiente, provocando um comportamento que é considerado, primariamente, como uma reação a um acontecimento ou a uma determinada circunstância. E os problemas de causas internas à estrutura de personalidade ou familiar do sujeito são chamados "inibição" ou "sintoma". Estes dois termos foram trazidos da psicanálise, em que, segundo Freud, a inibição é considerada uma restrição das funções do ego, que foram impostas como medida de precaução, podendo ser ainda acarretadas como resultado de uma energia empobrecida; e o sintoma, considerado como um sinal e um substituto de uma satisfação pulsional que estava em estado de latência, e que é causa de um recalque, não sendo, portanto, o sintoma descrito como um processo que ocorre no ego ou que atua atingindo-o, conforme o que nos diz a lingüística.

Assim, com fundamento nesses estudos, buscamos precisar o tipo de olhar, situar o ângulo deste olhar, por intermédio do jogo, da criatividade e, principalmente, da confiança. E, neste jogo, a atividade do terapeuta da aprendizagem mistura-se com a emoção e o sentimento, e ficamos, enquanto terapeuta, com um olhar diferenciado, posicionado, em que cada atividade corresponde a um sentimento diferente, porque para cada pessoa há uma emoção diferente, uma escuta diferente.

A escuta do terapeuta, na psicopedagogia clínica, começa na primeira consulta, chamada entrevista anamnésica. Podemos penetrar na vida do cliente, conhecer os fatos históricos e a-históricos para nós narrados. A isto, Alicia Fernández (1991) chama de história vertical e história horizontal do cliente. Do ponto de vista a-histórico ou história horizontal, observamos o que está acontecendo aqui e agora, na situação do cliente, de acordo com o relato. Nesta ocasião, a escuta do psicopedagogo deverá selecionar o curso dos fatos reais fornecidos pela mãe (normalmente), sem que esta escuta possa anular a possibilidade da interpretação e do entendimento que deverá fazer do discurso inconsciente, para que não se modifique a busca do significado e a compreensão da problemática que o psicopedagogo está tentando apreender. Na atitude deste profissional não deverá haver nenhum julgamento preconceituoso entre a relação do problema da aprendizagem com a atitude dos pais ante a criança.

Não é apenas por meio dos relatos dos dados anamnésicos que chegamos ao saber. A ele chegaremos pelo desdobramento das atividades lúdicas e terapêuticas, em que o psicopedagogo e o cliente interagem, em que o olhar e a escuta do terapeuta entram clinicamente neste jogo. Aí reside a importância da observação, com relação ao cliente, e da indagação, com relação aos pais, de COMO os fatos acontecem, e não apenas de QUANDO acontecem.

A leitura da produção do cliente é realizada pela interpretação da mensagem do jogo, da atitude da criança, do seu silêncio e, até mesmo, de um gesto seu. A partir daí, poderemos chegar à causa da não-aprendizagem. E é aí que Fernández (1991) alerta o profissional para se posicionar em um lugar analítico e assumir uma atitude clínica. Para isto, alerta, ainda, é necessário congregar conhecimentos, teoria e saber, para poder entender como aprender.

O psicodepagogo, quando coloca sua escuta num lugar onde a análise da fala do cliente tem significado, propicia a confiança deste cliente, pois ele saberá que está sendo ouvido sem pré-julgamentos. O profissional deve ter o mesmo posicionamento em relação à escuta dos pais e professores. A criança, que tem sua aprendizagem bloqueada, tem também bloqueada a capacidade de expressar o que pensa e o que sente. A partir daí, poderemos assegurar que não haverá aprendizagem apenas quando houver inteligência, mas quando junto a esta existir, intrinsecamente ligada, a função do desejo.

A atitude do psicopedagogo diante de seu cliente – o não-aprendente – deve ser sempre pautada na ação e na teoria, ou seja, sua práxis dever se embasar nos fundamentos teóricos que o fizeram agir ante o cliente e refletir sobre sua ação para de novo agir.

A ajuda ao cliente deverá seguir o caminho que se reporte não ao fato importante de sua história, mas sim ao como este fato ocorreu, voltamos a repetir. E é assim que Alicia Fernández (1991, p. 128) nos diz:

> Falamos do lugar analítico, lugar da testemunha, e de atitude clínica, da atitude do que escuta e traduz promovendo um discurso mítico e não real. Lugar e atitude necessários a todo terapeuta, que o psicopedagogo deverá assumir. Porém, por sua vez, lhe é necessário incorporar aspectos que o ajudem a dar conta dos nós, entraves e maus ligamentos entre a inteligência e o desejo.

Para que isto ocorra é necessário que o psicopedagogo, a uma atitude terapêutica, alie o conhecimento de como se aprende e de como o organismo, o corpo, a inteligência e o desejo atuam no ato de aprender; que alie a vivência com o problema de aprendizagem; e, por fim, alie um saber que envolva aprender e o não-aprender.

A teoria sobre a prática psicopedagógica envolve o conhecimento sobre o organismo, o corpo, a inteligência e o desejo. Estes conhecimentos deverão estar associados na formação do psicopedagogo pois, isoladamente, o conhecimento só do corpo, só do organismo, só da inteligência e só do desejo, não é suficiente para resolver o problema da aprendizagem. Pain (1986) já afirmou que o problema de aprendizagem é a plataforma, o lugar de onde é lançado o conhecimento para a construção de uma teoria psicopedagógica.

Na não-aprendizagem, a inteligência é bloqueada a partir do desejo. Desejo este que, em muitas vezes, não é o da criança, mas o desejo do outro que ela incorpora como se fosse seu. A estrutura cognitiva é bloqueada pela carência afetiva. É por isso que o psicopedagogo deverá encontrar o ponto de equilíbrio entre a inter-relação do corpo e do organismo, da inteligência e do desejo.

Esclarecemos que não conseguiremos uma escuta psicopedagógica somente com o conhecimento destes quatro níveis – o organismo, o corpo, a inteligência e o desejo. É preciso mais. É preciso ter-se o saber psicopedagógico. O conhecimento das funções e das inter-relações destes quatro níveis, indispensáveis ao aprender, podemos adquiri-lo por meio de um estudo teórico sistemático, sem, necessariamente, estarmos diante de uma pessoa. No entanto, o saber psicopedagógico, como todos os demais, só é passado de pessoa a pessoa. Não podemos dizer ao profissional que se propõe a ser psicopedagogo o que é uma criança com problema de aprendizagem. É importante que este profissional interaja, vivencie a experiência do contato sistemático com uma criança que não aprende, apesar de ter íntegra sua inteligência, de possuir seus órgãos sensoriais sadios e estar em condições favoráveis para aprender. É preciso que fique claro que conhecer não é saber. Daremos um exemplo para melhor esclarecer o dito. Se alguém diz que sabe costurar, é porque já costurou, já vivenciou a atividade. É diferente de dizer que conhece corte e costura porque leu um manual que lhe dirá como fazê-lo. O profissional terá que dizer: eu sei, porque faço, e não porque conheço como se faz. É assim que o saber psicopedagógico é obtido: atuando como psicopedagogo e apropriando-se de conhecimentos e teorias que dêem embasamento para a sua ação.

Outro fato importante para a aquisição do saber psicopedagógico é a análise do seu próprio aprender. A partir de suas próprias dificuldades o psicopedagogo poderá encontrar um olhar e uma escuta psicopedagógica capazes de levar a criança a superar seus bloqueios e chegar a uma aprendizagem compatível com suas capacidades.

É preciso que o psicopedagogo interprete o discurso da mãe, o discurso da criança, não só quando ela fala, mas quando usa também seu corpo para se comunicar. Na criança que troca letra, além do problema fono-articulatório e da lateralidade quando ler ou escrever, observa-se, ainda, toda uma simbolização na significação de suas trocas. Muitas vezes, o não-aprender representa, de uma forma simbólica, o desejo de não crescer, seja por parte de seu próprio desejo, ou pelo desejo da mãe a ela incorporado, ou até mesmo pelo desejo da própria família.

Mais uma vez queremos frisar que a abordagem e o tratamento psicopedagógicos vão sendo construídos, elaborados para cada caso, à proporção que a problemática vai aparecendo. Cada caso é único. Não há uma conduta terapêutica pré-estabelecida. Mesmo que o profissional possa ter vivenciado um saber semelhante, em outro caso, cada situação requer do psicopedagogo atitudes próprias para a situação nova que está sendo vivida. E é assim que a cada olhar, a cada escuta, na psicopedagogia, o trabalho com o não-aprender assume uma feição clínica, fazendo com que o psicopedagogo busque uma observação particular para compreender e interpretar a aprendizagem do cliente em pauta.

Embora essa seja a postura do profissional que lida com os problemas de aprendizagem na clínica, não o será tão diferente a do psicopedagogo que irá atuar na instituição escolar. O trabalho na instituição necessita, também, de uma ação investigadora e interventiva. E, para isto, a psicopedagogia preventiva também necessita do olhar e da escuta específica para realizar uma análise completa da situação, podendo assim diagnosticar e encaminhar com precisão para o profissional adequado que o caso exigir.

Por fim, é necessário salientar que a caracterização do olhar e da escuta no trabalho da psicopedagogia clínica é a de um profissional que utiliza seus conhecimentos para traçar normas, estabelecer conteúdos programáticos não para um grupo qualquer de aprendentes, mas, sim, para um grupo ou um aprendente em particular, levando em consideração características particulares da problemática deste grupo ou deste aprendente em particular.

É assim que Bossa afirma: "o caráter clinico está na atitude de investigação frente a uma situação particular e única, quer dizer, há características problemáticas, experiências, condições, manifestações do grupo ou do sujeito muitas vezes intransferíveis" (1997, p. 63).

Mesmo trabalhando, hoje, com os problemas de aprendizagem, embasados em outros conhecimentos, dentre os quais se inclui a psicanálise, envolvendo aqui o desejo do sujeito e sua interferência na aprendizagem, não se pode deixar de considerar outros aspectos do sujeito total. Deverá o psicopedagogo compreender também que o trabalho com uma criança que apresenta problemas específicos na leitura e escrita, tais como dislexia, disortografia, disgrafia etc., envolve uma programação com atividades de estimulação da memória visual, da reorganização da direcionalidade, da lateralização, da orientação espacial, da motricidade. Mesmo que essas dificuldades se apresentem como simbolização de um desejo inconsciente, nem assim deverá ser esquecido o trabalho, também específico, a ser realizado com a criança. Também não se deve esquecer que no aprendente atuam juntos, e em consonância, o organismo, com suas patologias, o corpo, com suas ações significantes, a inteligência, bloqueada por fatores imperceptíveis, e o desejo, quase sempre inconsciente, fluindo todos, de forma decisiva, no processo de aprendizagem da criança. Daí termos a convicção, pensada e analisada, de que o psicopedagogo não deve, no seu trabalho com problemas da não-aprendizagem, observar aspectos isolados da problemática que envolve o não-aprender, não deve elaborar propostas de trabalho simplificadas, vinculadas a esta ou aquela orientação estabelecida ou pautada pela sua formação acadêmica. O psicopedagogo deve estar embasado em conhecimentos teóricos inerentes à sua atuação profissional, pelo saber psicopedagógico e pelo discernimento necessário à escolha da metodologia de trabalho a ser aplicada a cada caso, em particular. A ação psicopedagógica deve ainda ser amparada por uma supervisão e realizada por um profissional especialista e que tenha um constante trabalho pessoal.

Ainda discorrendo sobre a ação psicopedagógica, numa visão particular, apresentaremos, algumas palavras sobre o trabalho psicopedagógico relacional.

O TRABALHO PSICOPEDAGÓGICO RELACIONAL

Os contos de fadas vêm sendo utilizados tanto na ação psicopedagógica, quanto na psicoterapia. Bettelheim, entre outros psicanalistas, demonstrou que o conto representa muitas vezes nossos desejos, nossas angústias, e muitos dos mecanismos gerais de funcionamento de nossos esquemas psíquicos. Talvez, também, porque Freud encontra semelhanças na fantasia do sonho e nas produções dos contos e dos mitos. Desta forma, o conto deveria funcionar como instrumento precioso numa terapia e numa ação educativa.

Assim, diríamos que o problema que envolve um sujeito bloqueado no plano psíquico e/ou afetivo deveria estar presente na curiosidade intelectual do psicopedagogo. É de propriedade do trabalho psicopedagógico, um espaço de liberdade que não é próprio de uma sala de aula. Neste espaço de liberdade, a ação não é exclusivamente diretiva, podendo-se estabelecer algumas regras básicas, como: nada é limitado e não faça mal nem a si, nem aos outros. Desta forma, as manifestações de comportamento dariam asas ao inconsciente.

Partindo deste pressuposto, o psicopedagogo não seria obrigado a escolher entre trabalhar só o cognitivo ou trabalhar só o psicoafetivo. Já foi ultrapassada a fase em que a psicopedagogia buscava sua ação numa concepção cartesiana do isto ou aquilo. Temos, sim, que utilizar isto e aquilo.

O trabalho psicopedagógico relacional com contos de fadas é baseado em Gillig, sobre o qual escreveremos para maior esclarecimento ao leitor. Jean-Marie Gillig, doutor na ciência da educação, é autor de várias obras e artigos sobre as questões da pedagogia e da educação. É também inspetor da Educação Nacional na França, e encarregado da adaptação e integração escolar. Trabalha como orientador do IUFM – Institut Universitaire de Formation dês Maîtres, em Strasbourg. Gillig é autor de várias obras-chave sobre a escola primária, nosso Fundamental I. É um especialista nas questões concernentes às crianças com dificuldade escolar.

A sociedade atual européia, ao assegurar a difusão de suas obras culturais nos mais diversos meios de comunicação, tem dado um golpe fatal na literatura, sobretudo naquela que provém da tradição oral. Preocupado com este processo, Gillig busca, no seu livro *O conto na psicopedagogia*, transmitir os resultados mais significativos de uma série de investigações que procura recuperar o conto como ferramenta pedagógica no processo de aprendizagem infantil.

A ação psicopedagógica do autor se traduz numa prática realizada por intermédio de contos que ele generaliza, denominando de "contos maravilhosos". A esta prática, Gillig considera tratar-se de uma atividade por ele chamada de "trabalho psicopedagógico relacional".

Gillig considera que o trabalho psicopedagógico relacional "far-se-á essencialmente no domínio do conflito relacional e psíquico" (1999, p. 364). Assegura que este trabalho dá autorização à criança a formalizar seus desejos, suas emoções e suas pulsões interditadas pelas regras, podendo exteriorizar o que não pode ser dito de outra forma. Assim, o trabalho psicopedagógico relacional leva o psicopedagogo a trabalhar não somente com as funções cognitivas. Com o uso do conto neste trabalho, o psicopedagogo operacionaliza um procedimento, apoiado no conhecimento do que é o sujeito neste trabalho e de como o uso do conto trabalha as relações que se estabelecem entre a criança e seus saberes, levando a criança com dificuldade ao *"status"* de aluno. (Gillig, 1999, p. 188). Proporciona ainda à criança a construção e a estruturação de atividades, levando-a a conhecer a experiência do sucesso.

Este trabalho deve surgir a partir de um acordo entre a criança e o psicopedagogo, quando se observa sinais perceptivos indicadores do momento em que se estabelece uma relação que permite uma consonância com atividades que envolvam mais as funções cognitivas, uma vez que a evolução deste processo autoriza a fala da criança sobre as questões consideradas tabus.

Por fim, diríamos que as diferenças culturais que possam vir a existir entre psicopedagogos, professores, pais, convergem para uma única missão que é a de assegurar à criança sucesso na escola e, conseqüentemente, na vida.

Com esta preocupação, Gillig (1999, p. 162) nos apresenta três questionamentos:

1. Pode o psicopedagogo tomar seus instrumentos de trabalho na caixa de ferramenta do psicanalista e do psicoterapeuta?
2. Mesmo supondo que a resposta à primeira pergunta seja positiva, está o psicopedagogo fundamentado para exercer uma prática terapêutica no campo da escola?
3. Por fim, questão inelutável e fundamental, a formação do psicopedagogo permite-lhe exercer uma prática terapêutica?

O próprio autor responde (*apud*, p. 182):

1. Sim, o psicopedagogo pode tomar alguns instrumentos de trabalho na caixa de ferramentas do psicoterapeuta e do psicanalista (o jogo simbólico, a escuta, especialmente) com a condição de servir-se deles na pertinência do trabalho psicopedagógico na escola.
2. Não, o psicopedagogo não exerce prática terapêutica, mas as finalidades e os objetivos da ação reeducativa são de ordem terapêuticas.
3. Não, a formação do psicopedagogo não lhe permite exercer uma prática terapêutica.

Para dar estas respostas, o autor se reporta à própria história da psicopedagogia até chegar ao seu desenvolvimento atual. Façamos, com ele, uma breve retrospectiva. Quando nos reportamos aos anos sessenta, observamos que as dificuldades de aprendizagem da leitura e da escrita, como também da psicomotricidade, caminhavam juntas em busca de uma única solução. O que se considerava naquela ocasião era uma não diferenciação entre estas dificuldades. O trabalho psicopedagógico era instrumental, com base numa teoria organicista e com uma perspectiva corretiva, em que os instrumentos usados – a linguagem, o gesto, os segmentos corporais, tinham por finalidades apenas curar, sem o intento de prevenir. O exemplo do transtorno na aprendizagem da leitura e da escrita, tendo como causa a má-lateralização, levava o reeducador a trabalhar este sintoma até que o sujeito tivesse adquirido a predominância de uma das mãos, embora já houvesse uma preocupação de desmedicalizar o fracasso escolar, incorporado-o às ações psicopedagógicas.

Começa-se a distinguir a ação da dificuldade psicomotora da ação psicopedagógica, observando-se que as dificuldades psicomotoras correspondiam a um atraso, a um déficit do sistema nervoso. O trabalho psicopedagógico relacionava-se com as questões cognitivas, procurando uma ação que visasse sanar as lacunas escolares com uma atenção especializada, embora, para ambas as ações, já começasse a operar uma revolução, cujo lema era "Abaixo a técnica! Viva a relação", trazendo uma visão nova sobre a formação dos profissionais da área.

Na década de oitenta, o objetivo das intervenções psicopedagógicas começavam a se estabelecer, ampliando seus objetivos, de um lado favorecendo o ajustamento progressivo dos comportamentos movidos pelas emoções, das condutas intelectuais e corporais. Procurava-se a eficiência nas diferentes aprendizagens e nas atividades propostas pela escola. Por outro lado, procurava-se resgatar na criança a vontade de aprender e sua auto-estima. Outro papel fundamental que começa a aparecer na ação psicopedagógica é a importância de se construir ou reconstruir a competência do aluno.

O trabalho psicopedagógico relacional baseia-se na compreensão de que deve estar centrado na relação do aprendente com suas aprendizagens e com o despertar desse sujeito para aprender; de que seu trabalho não se restringe a uma abordagem cognitiva. O psicopedagogo deve ter mais a compreensão de que não é apenas o desejo, simplesmente. É preciso aliar a corrente do cognitivo às interações entre os aspectos afetivos, motores e intelectuais. Isto nos mostra uma diferenciação entre o trabalho psicopedagógico e o trabalho psicoterapêutico.

Analisaremos, aqui, algumas convergências e divergências entre esses dois campos de ação:

- **O espaço:** o *setting* psicopedagógico não é o mesmo do psicoterapêutico. Poderá haver materiais iguais, porém utilizados de forma diferente e com objetivos diferentes. Num gabinete psicopedagógico, poder-se-á encontrar espaços reservados ao trabalho relacional e ao trabalho cognitivo, tendo cada cantinho sua dominância corporal ou sensório-motora, simbólica, imaginária e cognitiva. O canto de leitura sobre contos pode ser um lugar reservado apenas a uma relação sensório-motora com o livro, pelo prazer de tocá-lo. Neste canto, não se deve exigir leitura da criança. É um espaço onde ela deve tocar, ver, sentir numa seqüência de momentos, através dos quais irá mantendo laços afetivos, iguais aos que mantém com um brinquedo de estimação, até que passe a desejar lê-lo, e assim o fazendo neste espaço lúdico.
- **A formação:** a formação do psicopedagogo não se restringe a sua graduação. É necessária uma especialização, seguida de uma formação continuada, embora não obrigatória, porém considerada de grande importância para sua atuação profissional, além da obrigatoriedade de constantes supervisões. Para a ação psicoterapêutica não é exigida nenhuma codificação.
- **Os objetivos:** o objetivo psicopedagógico é formar; a terapia é cuidar, curar. A psicopedagogia busca o melhor-ser interagindo com o saber-ser. A psicoterapia visa o bem-estar do sujeito. Seus objetivos não se encontram, uma vez que estão sempre em busca de finalidades paralelas. Assim é que a psicopedagogia transita entre duas vias, ora articulada às finalidades da terapia, ora à da pedagogia. Ela faz uma articulação

entre a subjetividade e a objetividade do sujeito aprendente. No entanto, possui virtudes próprias, ao procurar sempre o melhor-saber.

– **A interpretação:** é uma posição doutrinária, específica do psicoterapeuta. O psicopedagogo busca compreender e não interpretar. No entanto, é preciso conhecer a teoria do inconsciente para poder melhor compreender.

– **As mediações:** a mediação é uma ação específica do psicopedagogo. Este é um termo ignorado pelos psicoterapeutas. É o próprio Gillig que escreve, ao comentar sobre a mediação:

> Terreno conhecido do psicopedagogo: trata-se de passar da fase inicial, pouco equilibrada, precária, defasada a uma fase mais estável, reequilibrada, usando um circuito em derivação, um desvio em todo caso, para reconciliar a criança com a escola, como todo mundo gosta de afirmar (1999, p. 168).

O trabalho psicopedagógico relacional tem a preocupação de conectar sua ação às aprendizagens cognitivas, trabalhando enquanto mediador da construção ou reconstrução das aprendizagens da criança, agindo em três dimensões: a ordem do corporal, a ordem do imaginário-simbólico e a ordem do cognitivo.

É fazendo uso da condição de mediador, que o psicopedagogo utiliza-se do conto, sendo ele próprio, o mediador da ação psicopedagógica. No trabalho psicopedagógico com o conto de fada, encontramos duas formas de mediação: tentar conciliar o herói da história com seu objeto de busca, que poderá acontecer por meio do casamento ou pela conquista do tesouro, deixando-o na riqueza, concluindo com o "...foram felizes para sempre"; levar a criança a uma conciliação com ela própria, com a escola e com suas aprendizagens culturais. O que se busca deste trabalho é que a criança "desmamada" administre, com a ajuda do professor, seu caminhar escolar, podendo dispensar o psicopedagogo-mediador.

As palavras de Gillig (1999, p. 176) nos estimula a ir em busca dessa práxis psicopedagógica, quando escreve: "Contos e trabalhos psicopedagógicos são a história da metamorfose de um sujeito que tem dificuldades de crescer, de desejar e de encontrar o objeto de seu desejo". Daí concluirmos que o trabalho psico-pedagógico, por intermédio do conto, é também terapêutico, porque dá à criança a possibilidade de restaurar sua capacidade de ir adiante, de lançar-se e de querer crescer. Possibilita ainda sua tranqüilidade, pois vencerá os medos. Dá a oportunidade à criança de identificar as personagens que querem crescer, por alcançarem a maturidade e poderem "assumir a contradição entre o princípio do prazer e o da realidade, tornando-se igualmente capaz de assumir a frustração e a renúncia do objeto imediato, adiando sua conquista para mais tarde" (Gilly). O conto ainda apresenta uma outra vantagem sobre as outras mediações, qual seja, melhorar o desempenho psíquico da criança, a regulação de seu processo de identificação e de gestão de angústia, propiciando seu ingresso no mundo da cultura escrita.

5

Apresentação de casos clínicos

"Todas as coisas são ajudadas e ajudantes, todas as coisas são mediatas e imediatas, e todas estão ligadas entre si por um laço que conecta umas às outras, inclusive as mais distantes. Nessas condições, considero impossível conhecer o todo se não conheço as partes".

Pascal

Para o processo diagnóstico do caso aqui estudado, fizemos uso dos aportes teóricos de Sara Paín, de Alícia Fernández, de Maria Lúcia Weiss, além de algumas técnicas de René Zazzo, Zaldo Rocha e outras que utilizamos na nossa experiência profissional.

Este diagnóstico psicopedagógico clínico é objeto de um caso que nos chegou às mãos, enviado por uma psicóloga que, no seu atendimento psicoterapêutico, concluiu que seu cliente necessitava ser visto por um profissional que estudasse o processo de aprendizagem do indivíduo e os percalços que poderiam ocorrer durante este processo, impedindo-o de aprender.

Assim é que, com muito estudo, recorrendo a uma prática de muitos anos e sob supervisão, apresentamos o resultado do caso para uma análise e uma avaliação de novos conhecimentos.

CASO JOSÉ

Trata-se de um adolescente de catorze anos que chamaremos de José, nascido em 19/08/1984, e cursando a 5ª série de uma escola particular da cidade do Recife. Seu pai, motorista e marceneiro, tinha 45 anos e seu nível de escolaridade era correspondente ao Fundamental I. Sua mãe, técnica de laboratório, tinha quarenta anos e possuía a Educação Média completa. José tinha um irmão com vinte anos, universitário, considerado o mais inteligente dos filhos.

Na entrevista inicial, a queixa dos pais foi que José apresentava dificuldade para aprender. Brincava muito, não levava a escola a sério, não prestava atenção às aulas. Fora os estudos, não havia outra queixa. Os pais alegavam ser um menino bom, meigo, tímido. Fazia terapia. A mãe não sabia para quem levar e optou pela psicóloga, que fez o encaminhamento para a psicopedagoga, por causa do problema de aprendizagem, queixa principal da mãe. Mesmo com o encaminhamento para a psicopedagoga, continuou em terapia.

Dados da anamnese

Foi uma criança desejada, apesar do pai, em várias ocasiões, verbalizar seu desejo de que fosse uma menina. Mas os pais alegam que foi Deus quem quis e, por isso, "a criança deve ser bem recebida".

Não foi uma gravidez tranqüila, pois a mãe tinha muito medo de parto normal e não podia fazer cesárea, porque o pai da criança estava desempregado, não podendo pagar este tipo de parto. No entanto, no fim da gravidez, conseguiram fazer a cesárea, com data marcada, não tendo ocorrido nenhum fato peri-natal que prejudicasse a criança.

Nada há a registrar com relação ao desenvolvimento da criança, sendo a queixa exclusiva no desempenho escolar. O pai e a mãe verbalizam uma vontade muito grande de que seu filho melhore na escola e acreditam que ele é capaz de conseguir, desde que ajudado. Como a criança gosta muito de computador, o pai lhe deu um para que aprender e ganhar dinheiro com isto, demonstrando ser este o objetivo da aprendizagem para os pais.

Os pais não relataram nenhum aspecto que pudesse esclarecer como se deram as primeiras aprendizagens da criança, o que nos faz crer que não se sentem como parte integrante desse processo. Segundo eles, ambos viviam fora de casa e as crianças eram cuidadas pela avó. A pista marcante é a religiosidade da família que transfere para Deus tudo o que ocorre em casa, evitando que a criança se autorize a pensar e, conseqüentemente, a aprender.

O adolescente estudava em uma escola particular, com nível econômico-cultural menos favorecido. Os professores não consideram a existência de um problema de aprendizagem, talvez por falta de interesse de solucionar a questão. É uma escola de ensino tradicional, com professores pouco habilitados, sem muito interesse pelo processo ensino-aprendizagem do aluno, conseqüentemente, não sabem encaminhar o caso.

Para o adolescente, seu problema é o de não saber ler nem escrever direito, dificultando a compreensão dos textos lidos. Quer aprender e gostaria que o ajudássemos, pois pretende fazer o supletivo.

Trata-se de um adolescente sadio, sem nenhum problema de saúde. Toda a família goza de boa saúde. Não tem muitas opções de lazer, nem mesmo TV, coisa que a mãe proíbe "para não atrapalhar os estudos". Aos domingos, quando o pai pode, vão pescar.

Segundo os pais e o próprio adolescente, havia um ótimo relacionamento entre eles. O adolescente tinha facilidade de fazer amigos, embora não saísse de casa. Na escola, ficava um pouco separado, porque seus colegas não queriam fazer grupo com ele, devido à sua dificuldade, fatores estes que consideramos contraditórios.

A mãe da criança dizia que sempre gostou de estudar, nunca teve trabalho para aprender. Fez até o 2º grau, por causa de sua situação financeira – tinha de trabalhar. O pai dizia que "odiava ler e escrever" não tendo passado do primário. Teve uma infância muito difícil e precisava trabalhar, não tendo tempo nem prazer para estudar.

Considerações críticas sobre a anamnese

Observamos algumas contradições nas falas dos pais:

- A mãe dizia não ser controladora, mas não tinha TV, para que o adolescente fizesse o que ela queria;
- Não deixava a criança sair para brincar com amigos;
- O pai dizia que a chegada do filho foi a melhor coisa que aconteceu a ele, mas queria muito que fosse uma menina, porque já tinha um filho homem, "mas foi Deus quem quis assim";
- O pai se considerava responsável pelo fracasso escolar do filho. Achava que deveria ter cuidado mais cedo

do problema, mas como deixava tudo a cargo da mãe, contribuiu para que seu filho estivesse com toda essa dificuldade;

– A mãe, apesar de buscar ajuda para o filho, não concluía os tratamentos, como se desejasse a manutenção da dificuldade do filho, podendo assim compará-lo com a sempre falada dificuldade do pai.

A família era bem estruturada, mas com alguns problemas de relacionamento, de crença religiosa, que poderia estar prejudicando o desenvolvimento cognitivo, afetivo e social do adolescente.

Consideramos, como hipótese inicial, que o cliente encontrava-se bloqueado por sérios problemas emocionais que estavam interferindo negativamente na sua escolaridade, principalmente desautorizando-o de ser criativo e de construir sua autoria de pensamento. Trata-se de um adolescente sem problemas de inteligência, motivado para aprender, mas, talvez, "proibido de crescer", portanto, um problema de aprendizagem-sintoma.

Para iniciarmos o processo diagnóstico, e com base nas entrevistas iniciais e da história vital do cliente, buscamos utilizar outros instrumentos que listaremos a seguir: a) aspectos cognitivos – prova de diagnóstico operatório – Piaget e a Torre de Hanói; b) aspectos afetivos – desenho da figura humana, desenho-estória (DE) – Trinca (1972), desenho-família-estória (DF-E) – Trinca (1972); c) aspectos psicomotores – figuras geométricas de Zaldo Rocha, observação do cubo de atividades, bateria de Piaget-Head – Zazzo (1981), teste da lateralidade de Galifret-Granjon – Zazzo (1981); d) aspectos da aprendizagem formal – prova de compreensão de texto e consciência fonológica de Lúcia Browne – pesquisa em desenvolvimento

(2000), observação da leitura, do ditado, da cópia, da escrita espontânea, do conhecimento das quatro operações, fração e problemas e do material escolar.

Após analisados os dados encontrados neste processo diagnóstico, chegamos aos seguintes resultados:

1. Aspectos cognitivos – possui noção de conservação de quantidades termo a termo e afirma a igualdade de quantidades mesmo fora de seu campo visual, compreendendo, assim, quando dois conjuntos são equivalentes, embora a disposição de seus elementos seja modificada. Isto me faz caracterizá-lo como possuidor da noção de conservação de quantidade. Possui a noção de inclusão de classes, tendo, portanto, a noção de classificação operatória. Possui a noção de seriação operatória, na medida em que obtém sistemáticos sucessos nas três fases, correspondentes à construção da série, intercalação e contraprova. Nas provas de conhecimento aritmético, demonstrou ser capaz de estabelecer relações entre ações materiais de reunir objetos e a operação de soma, bem como soube definir soma. Da mesma forma, consegue estabelecer relações entre parte e todo numa situação de problemas de subtração, com idéias de separar, comparar e igualar. Apresenta ainda noção de multiplicação e divisão aritméticas. Por se tratar de um adolescente, fizemos uso da Torre de Hanói, na qual demonstrou excelente desempenho, encontrando-se bem definido na fase das operações formais.

2. Aspectos afetivos – demonstra um sentimento de menos valia, com uma preocupação muito grande em

relação à crítica. Seu desenho demonstra exacerbação da sexualidade, com muita ambivalência sexual. Suas figuras são carregadas de símbolos fálicos, o que não é de se caracterizar como problema, em virtude da fase em que se encontra – início da adolescência. Também, por não ter um bom amadurecimento na organização de sua aprendizagem subjetiva, sua modalidade de aprendizagem apresenta-se com certos comprometimentos, afetando automaticamente a aprendizagem objetiva. Demonstra dificuldade de relacionamento com as figuras parentais e um ciúme acentuado do irmão. Há um fato oculto no seu nascimento que o impede de adquirir conhecimentos, levando-o a remeter este sentimento para a aprendizagem formal. Existem alguns aspectos ocultos, como, por exemplo, o fato da mãe não verbalizar seu medo de ter um filho, não "saber" se autorizou a ligadura de trompas, nem mesmo "saber" se pode ou não ter outros filhos, dentre outros aspectos. A não prevalência de dados concretos sobre os aspectos de seu nascimento dá ao adolescente uma incapacidade de sentir afeto, de sentir-se seguro com relação a permanência de um lugar seu e de objetos seus. Não há projetos identificatórios que lhe permitam construir-se, pois não há um passado que lhe dê condições para projetar-se no futuro.

3. Aspectos psicomotores – possui movimentos amplos e finos adequados, com simetria, mantendo uma postura correta, tanto do ponto de vista da marcha, quanto do ponto de vista da apreensão de

objeto finos. Apresenta boa coordenação motora, bom padrão preensório e domínio digital, embora tenha demonstrado maturidade gráfica equivalente a mais ou menos 7 anos. Possui conhecimento de direita/esquerda equivalente a 12 anos, último grau da tabela de Piaget-Head. Apresenta dominância lateral direita/forte. Estes dados lhe dão ferramentas para uma boa noção espaço/temporal, demonstrada em todas as suas produções. Possui boa orientação rítmica, embora não se reflita no aprendizado da leitura.

4. Aspectos pedagógicos – no que se refere à leitura, demonstra ter uma consciência fonológica, sem apresentar uma consciência sintática. Sua consciência fonológica mostra-se apenas relacionada à compreensão do princípio alfabético, havendo uma relação específica entre tarefas de consciência sintática e o contexto na leitura de palavras com dificuldades ortográficas. Em conseqüência, decodifica as palavras, mas não há uma compreensão da leitura. Sua leitura é lenta, silabada, sem pontuação, carregada de trocas de palavras com sentido semelhante. Não há um investimento do adolescente para uma melhor leitura. Ele já se enquadrou entre aqueles que não sabem ler. Sua escrita é alfabética, o que, para sua idade e série, já deveria ser ortográfica. Apresenta muitas trocas, uma escrita disgráfica, sem criatividade, sem autoria de pensamento, bastante pobre, com muitos erros ortográficos. Sua falha pedagógica maior é no tocante à leitura e escrita. No raciocínio lógico-matemático, não apresentou nada que possa atrapalhar

seu desempenho, não apresentando dificuldades no aprendizado da matemática. Seu material escolar é muito mal cuidado. Seu caderno de borrão não tem nada escrito; apresenta lápis, borracha e caneta roídos, o que reflete muita ansiedade e fixação na fase oral; atividades de casa incompletas e escritas em pedaços de papel; letra muito ruim em todas as suas anotações, chegando mesmo à incompreensão do que foi escrito. Demonstra um desinteresse muito grande pelo seu material.

Discussão do diagnóstico

Pudemos observar que este adolescente está sendo vítima da "violência secundária patógena" (Aulagnier, 1975)[1], na qual a mãe continua pensando por ele e dando sentido às suas manifestações, sufocando o seu espaço, não permitindo que construa sua autonomia de pensamento e, como conseqüência, bloqueando as necessárias enunciações contrárias ao desejo das figuras parentais.

Outra observação extraída das falas dos pais refere-se ao fato de o adolescente normalmente ter percebido, desde cedo, que pensar não é o mesmo que falar. Muitas coisas estão ocultas com relação a fatos de sua vida, coisas pensadas pela mãe, mas não verbalizadas, o que vai sendo adquirido por ele numa modalidade de aprendizagem, na qual as pessoas podem esconder a verdade, ou mesmo, mentir.

---

1 Referência nas apostilas de Beatriz Scoz, fornecidas no curso de especialização em psicopedagogia, na aula "Modalidades de aprendizagem do psicopedagogo", em 1988.

Assim é que pudemos concluir que esses dois fatos citados podem ter causado uma inibição cognitiva ou um sintoma que tenha aprisionado a sua inteligência, especificamente no aprendizado da leitura e da escrita. É sabido que escrever "é eleger, decidir, mostrar-se" (Fernández, 1997), e o adolescente em estudo passou por uma modalidade de "ensinagem", primeiro por intermédio da relação mãe/bebê, em seguida da entrada dos pais e irmão, depois ampliada pela escola, via professores, proibindo-o de se diferenciar, de eleger, de decidir, culpabilizando-se por mostrar-se, impedindo a sua autonomia de pensamento.

Com base nessas fundamentações, propomos um atendimento psicopedagógico que objetive uma orientação à família, fazendo-a buscar um trabalho em que a sua modalidade de aprendizagem seja resignificada e, com a criança, trabalhar a sua modalidade de aprendizagem, resignificando-a, além de um trabalho com as trocas específicas da escrita efetuadas pela criança.

O trabalho com a criança deverá ser realizado em duas sessões semanais, num período de aproximadamente um ano e meio, ou de acordo com a necessidade que o caso exigir, conforme o já dito anteriormente.

Atendendo à hipótese diagnóstica de problema de aprendizagem-sintoma, a intervenção psicopedagógica constará de um trabalho com inclusão de jogos terapêuticos, desenho-estória, objetivando a resignificação de sua modalidade de aprendizagem, além de outras técnicas, como as projetivas. Para essa problemática no aprender, o jogo tem uma importância significativa, uma vez que há uma relação entre o aprender e o jogar. O saber, sendo uma construção pessoal, relaciona-se com o fazer, incorporando o conhecimento de acordo com características pessoais, não havendo construção do saber sem se jogar com o conhecimento.

Serão usados textos infantis para trabalho de leitura e correção das trocas específicas, apresentadas pela criança, durante o diagnóstico. Como o processo diagnóstico não é conclusivo, durante a intervenção psicopedagógica a nossa programação deverá ir se modificando, de acordo com o andamento do caso.

Considerações sobre o caso

Para a devolutiva, compareceram o pai e a mãe, aos quais foi relatada a problemática do cliente. Demos aos pais um espaço para que eles pudessem sentir e pensar, analisando conosco todo o desenvolvimento afetivo da criança. Mostramos a eles a importância de um investimento maior e mais real no processo de aprendizagem de seu filho; a importância de não deixar nada oculto no que se refere à sua vida, que alguns fatos importantes devem ser discutidos com o filho, dando-lhe a oportunidade de criticar, discordar, polemizar, para que ele possa construir-se como sujeito. No entanto, discutimos o sentido de que isto não significa que ele deva fazer o que quer. Deve haver a lei que interdite, para que, mesmo criticando, tendo seu próprio pensamento, submeta-se às regras de convivência interpessoais. Assim teríamos, juntos, eles e eu, a possibilidade de resgatar, no adolescente, o desejo de aprender.

Durante toda a nossa conversa, procuramos resgatar a queixa dos pais, principalmente da mãe, ao iniciar o processo diagnóstico. Procuramos sempre ressaltar as qualidades de José, as suas potencialidades, o seu empenho atual em crescer. Mostramos sua capacidade nas áreas cognitiva, motora, pedagógica e o investimento que os pais deveriam ter na área afetivo-emocional.

Foi feito um contrato de trabalho entre nós e os pais, no sentido de realizar um acompanhamento psicopedagógico com duração prevista para um ano e meio a dois anos, dependendo da evolução do caso. Este acompanhamento seria realizado duas vezes por semana, com horário acertado entre nós. Neste contrato discutimos o problema de faltas, de férias e da alta do caso.

Mostramos a eles que o objetivo deste trabalho era o de resgatar o desejo de aprender, sempre ressaltando a capacidade da criança para tal; reorganizar internamente a sua potencialidade em todas as áreas; trabalhar com José as trocas de letras e seu grafismo; potencializar sua identidade. Para atingir essas metas, iríamos fazer uso de vários recursos, como jogos de exercício, simbólicos e de regras, uso da literatura infantil, desenhos, técnicas de relaxamento, dentre outros.

Mostramos aos pais a necessidade de seu filho continuar o trabalho psicoterapêutico, orientação justificada por muitos indícios de problemas afetivo-emocionais que se apresentaram durante o processo diagnóstico.

A conversa com José se deu seguindo o mesmo raciocínio, a mesma lógica. Notamos muito interesse de sua parte; falamos do horário, da observância de regras, importantes para o bom desenvolvimento do trabalho.

Não retornamos à escola; os pais nos informaram que já tinham solicitado transferência para outra escola, uma vez que não estavam satisfeitos, pois percebiam que o filho não estava tendo a atenção que necessitava, além de estarem buscando uma escola pública com ensino profissionalizante.

Para nós, este processo diagnóstico seguiu um caminho traçado já há muitos anos, com as especificidades e as peculiaridades que cada caso requer e, mais, acrescido dos ensinamentos adquiridos ao longo desses dois anos de aprendizagem, que transformaram nossa atuação, unindo a experiência anterior com a sistematização dos conteúdos aprendidos. Sentimo-nos mais protegidos, pois sabíamos que estávamos aliando a experiência profissional à experiência de outros psicopedagogos, supervisores com outra realidade, e sabendo que ainda se tem muito caminho a percorrer, como é a eterna caminhada do psicopedagogo em busca do seu saber.

Percebemos que José já se sentia mais valorizado, mais estimulado, já mesmo no próprio processo diagnóstico. Sentimos que a relação com a aprendizagem surgia sempre da relação do adolescente com seu único irmão e o mais bem-sucedido na escolaridade, fato muito ressaltado pelos pais e pelo cliente. Observamos ainda uma discreta modificação nas relações que nos envolvia e que envolvia a sua família. Houve uma participação do pai no processo de desenvolvimento do filho, uma curiosidade da mãe na compreensão dos problemas relatados e um interesse maior de José por uma mudança que o ajudasse a crescer na escola.

CASO LÚCIA

A criança, do sexo feminino, tinha cinco anos na ocasião do atendimento, estudava em uma escola particular do Recife, cursando a educação infantil. Seus pais eram de formação universitária; o pai, engenheiro civil e a mãe, engenheira química. A família era constituída de mais dois irmãos, um menino de oito anos, cursando a terceira série do fundamental I, e de outra menina de doze anos, cursando a sétima série do fundamental II. Lúcia (nome fictício da criança) ainda tem uma irmã de dezenove anos, fazendo cursinho pré-vestibular. Esta irmã é fruto de uma união de seu pai com outra mulher, anterior a união com a mãe de Lúcia. Diante disto, observa-se que a circulação do saber é bastante positiva na família, sendo Lúcia a primeira a mostrar dificuldades na aprendizagem para esses pais.

É a terceira filha de um segundo casamento, caçula da prole do casal. Apresentou dificuldades já no Jardim I (início da educação infantil). Sempre muito dispersa. No ano da consulta, outras dificuldades vinham sendo acrescidas, como o atraso no desenvolvimento da coordenação motora. O colégio alegava que a criança não poderia ir para a alfabetização, fato que motivou os pais a procurarem um profissional para saber qual a real situação de sua filha, qual o posicionamento deste profissional em relação ao ingresso ou não da filha na alfabetização. A indicação de meu nome foi feita pela psicóloga do colégio.

Vale ressaltar alguns dados da anamnese. Nenhum dos filhos foi desejado, vieram sem serem programados, "por descuido, mas foi o jeito". O nascimento da criança em estudo gerou uma grande preocupação na mãe, que estava se preparando para fazer um curso em Oxford. Ao saber que estava grávida, ficou muito contrariada, pois sabia que iria atrapalhar seus planos. Mesmo assim foi para o curso e, lá, não se sentia bem, uma vez que, ao saberem que estava grávida, foi muito poupada e cuidada pelos colegas, fato que a deixava muito constrangida.

A criança nasceu de parto cesariano, programado para fazer ligadura. O pai assistiu à chegada da filha e foi quem a aparou e a colocou nos braços da mãe. A mãe não se lembra de nada "da coitada da minha filha". A criança não foi amamentada no seio, usando sempre, até quatro anos, mamadeira. Nada foi registrado com relação ao desenvolvimento da criança, sendo a queixa exclusiva no desempenho escolar. A criança é de família com situação financeira boa.

Alguns dados da anamnese nos foram passados pelo pai, pois a mãe estava viajando. Logo que chegou da viagem, veio completar alguns informes que faltavam. Os pais dizem que a criança aprende tudo com muita facilidade, não sabendo por que na escola não está se saindo bem. Os outros filhos nunca deram problema na escola. A criança saiu do ambiente familiar e ingressou na escola aos dois anos, freqüentando o maternal e, depois, a educação infantil, onde ainda se encontrava, no momento em que nos procurou.

Os pais não relataram como foram suas primeiras aprendizagens, uma vez que ambos trabalham e não tinham tempo para cuidar dos filhos, não dando informações precisas, especialmente desta filha, de quem a mãe vive muito afastada, pois possui uma carga horária de trabalho maior na empresa do marido. Os pais alegam que a criança mantém um bom relacionamento com as pessoas, mas só faz o que quer. Só vai para a escola atrasada, porque, estudando pela manhã, a mãe não acorda na hora, e a criança nunca está pronta para ir ao colégio na hora marcada. A pessoa que cuidava para que a criança não faltasse ao colégio sempre foi o motorista antigo do casal, que levava os dois mais velhos ao colégio e, depois, voltava para buscar Lúcia, que demorava muito para se aprontar.

A criança não sabia por que estava vindo para meu consultório. Sua mãe lhe contara ser por causa da sua dificuldade na escola, mas acha que não tem dificuldade, que irá para a alfabetização, junto com seus colegas. É uma criança sadia, muito bem arrumada, com muitos mimos e apresentando completa ausência de limites.

Algumas considerações críticas sobre a anamnese

– É o pai que mais se envolve com os problemas da criança: ele é quem vai conversar com os professores na escola; ele é quem faz os questionamentos com relação à escolaridade da criança; foi ele quem veio para a entrevista inicial; é o mais preocupado com a situação escolar da filha.

– A mãe diz que esta filha é o "bebezinho do pai"; que faz todos os gostos da filha e a mima muito, mesmo em detrimento dos outros filhos; que trabalha muito, não tendo tempo de se ligar às questões da escolaridade da filha, que isto é um problema da escola; a mãe trabalha em horário diferente das aulas dos filhos, para poder fazer ginástica, estudar, e realizar atividades pessoais, sem que tenha de estar preocupada com tarefas e obrigações dos filhos; para isto ela mantém babás, professores particulares e motorista.

– Não há um envolvimento mais efetivo do pai. Apesar do seu interesse, ele, como a mãe, delega tudo à escola.

– A mãe diz que os outros filhos nunca deram problema, mesmo vivendo na mesma situação da criança, objeto deste estudo.

– A mãe se queixa de que a criança só faz o que quer; a mãe também só faz o que deseja, da mesma forma que a filha, considerando que, assim, os filhos poderão manter uma convivência saudável com os pais, pois ninguém perturba ninguém.

– As primeiras aprendizagens da criança não foram motivo de preocupação da mãe, pois quem sempre assumiu estas funções foram as babás;

– Não há um interesse da mãe em conciliar os seus horários com os dos filhos, de modo a fazer o que lhe convém.

– Há uma clara evidência de que esta criança nasce de um impasse da mãe em adquirir mais conhecimento ou ter a criança. A mãe opta por deixá-la nascer, porém fica evidenciado que a criança estará fadada ao interdito de conhecer.

Consideramos, como hipótese inicial, que a criança encontra-se bloqueada por problemas emocionais, carregados de vínculos negativos que, conseqüentemente, estão interferindo na sua aprendizagem, desautorizando-a de ser criativa e de construir sua autoria de pensamento (Fernández, 1991). Não apresenta nenhum problema de inteligência; é motivada para aprender, mas, talvez, proibida de crescer, o que sugere tratar-se de um problema de aprendizagem-sintoma, uma vez que existem causas ligadas a sua estrutura individual e familiar que toma forma na criança, comprometendo a dinâmica de articulação entre a inteligência, o desejo, o organismo e o corpo (Pain, 1986; Fernández, 1991). O desequilíbrio dessa dinâmica leva a um aprisionamento da sua inteligência e da sua corporeidade, por meio da estrutura simbólica inconsciente.

Considerações sobre a observação deste diagnóstico

A criança possui noção de conservação de quantidades termo a termo, apresentando dificuldades com relação à quantidade fora de seu campo visual. Compreende quando dois conjuntos são equivalentes, mesmo com a modificação da disposição dos elementos. Isto mostra que possui a noção de conservação de quantidade. Apresenta dificuldades na noção de seriação, uma vez que não realiza a construção de série, intercalação e contra-prova (provas operatórias, 1979). É capaz de estabelecer relações entre ações materiais, de reunir objetos e a relação de soma, sem, contudo, definir o que é soma. A criança encontra-se presa ao realismo nominal lógico (Browne, *in* Carraher – 1986) e na fase pré-operatória piagetiana.

Lúcia demonstra uma imaturidade emocional muito acentuada; ao mesmo tempo, quer parecer uma pessoa mais amadurecida, tentando compreender a sua situação escolar e familiar. Demonstra ansiedade, insegurança, ausência de limites, além de um sentimento de abandono, revelado em todas as suas produções. Demonstra dificuldade de relacionamento com a figura materna e um ciúme dos irmãos, ao mesmo tempo em que apresenta um sentimento de poder sobre eles (Trinca, *in* Bossa, 1994). Esses sentimentos garantem à criança um pensamento egocêntrico, impedindo a sua entrada em novo estágio cognitivo.

A criança possui movimentos amplos adequados, mantendo uma postura correta na marcha. Apresenta uma maturidade gráfica equivalente a mais ou menos três anos (Rocha, 1974); grande dificuldade no domínio digital, no padrão preensório, no controle motor e na coordenação visomotora. Não consegue arrumar adequadamente uma figura humana; seu conhecimento de direita/esquerda é compatível com sua I.C. (Zazzo, 1981), não apresentando ainda definição da dominância lateral, embora já se possa observar uma forte tendência para ser destra (Zazzo, 1981); apresenta desorganização rítmica e temporal.

No que se refere à linguagem oral, a criança desconhece as consoantes, não conseguindo identificar nenhuma palavra;

apresenta grande dificuldade na reprodução de histórias e na estruturação de seu pensamento; possui uma linguagem muito infantilizada; não apresenta uma consciência fonológica, nem uma consciência sintática (Browne). Com relação à linguagem escrita, consegue apenas desenhar seu nome, apresentando rabiscos em lugar de possíveis nomes, não se enquadrando sequer na fase pré-silábica. Seu material escolar é bem cuidado, limpo e mantido com zelo.

Discussão do diagnóstico

Pude observar, nesse espaço de tempo reservado ao diagnóstico, que Lúcia apresenta algumas manifestações relacionadas a sua história de vida que desautorizam a construção de seu conhecimento, a sua autonomia de pensamento, bloqueando, assim, seu desenvolvimento na área afetiva e escolar. Conhecer, para ela, é um sentimento culposo, não lhe sendo permitido crescer (Fernández, 1991).

O nascimento de Lúcia traz um impasse na relação da mãe com o conhecimento (ir ou não a Oxford). Nesta dinâmica, a criança é colocada num lugar insuportável para a mãe, prejudicando a relação mãe/filha. Esses conflitos, ao não permitirem a estruturação adequada do sujeito psíquico, interferem na sua maneira de lidar com a realidade, dificultando o amadurecimento de sua estrutura de pensamento. Lúcia não consegue canalizar sua energia interna para a realidade, deixando-a envolvida com seu pensamento egocêntrico e mágico, impedindo sua entrada em novo estágio cognitivo, o que dificulta o amadurecimento de sua estrutura de pensamento lógico. Vale recordar, aqui, o que nos escreve Cordiè (1998, p. 372):

De nombreux travaux ces dernières décennies ont mis en évidence certaines caractéristiques de développement physiologique et sensoriel de l'enfant in utero et du nouveau-né. Nous avons maintenant une connaissance scientifique de ce que les mères le savent depuis toujours: le nourrisson n'est pas une masse d'argile que l'on modèlerai tà sa guise, ni un petit animal dont il souffrait de satisfaire les besoins vitaux pour qu'il grandisse.... son désir de vivre est d'emblé associé à son desir de comprendre."[2]

Lúcia não compreende, não se interessa, não cresce para ter a atenção da mãe, por isso, não aprende. Sua mãe apresenta um saber "insabido". Envolvida nessa trama, em que não existe uma relação vincular positiva, em que a maternagem não ocorreu, a criança transfere sua problemática para o desenvolvimento da sua escolaridade, demonstrando as dificuldades já apresentadas, acrescidas da desatenção que não a faz refletir sobre os comandos dados, mascarando o seu potencial cognitivo.

Proposta de intervenção

Com base nessas fundamentações, proponho um atendimento psicopedagógico com uma orientação à família. Com a criança, proponho uma intervenção, com a inclusão de jogos terapêuticos, desenho-estórias e outras técnicas projetivas

---

2 Numerosos trabalhos, nesses últimos decênios, colocam em evidência características do desenvolvimento fisiológico e sensorial da criança in utero e do recém-nascido. Temos, agora, um conhecimento científico de que as mães sempre souberam que: a criança recém-nascida não é uma massa de argila que se pode modelar a sua vontade, nem um pequeno animal que basta satisfazer suas necessidades vitais para ele crescer... seu desejo de viver está repentinamente associado a seu desejo de compreender. Tradução nossa; grifo nosso.

psicopedagógicas, objetivando a resignificação de suas primeiras modalidades de aprendizagem.

Como trabalho de preparação ao aprendizado da leitura, proponho o uso da literatura infantil, principalmente os contos de fada, uma vez que podem traduzir, de maneira simbólica, os desejos humanos, também presentes nos sonhos por buscarem a realização dos desejos inconscientes. Estes contos, que Gillig (1999) chama de contos maravilhosos, falam de um mundo interior, onde aparecem sentimentos complexos e contraditórios do sujeito, além de levar a criança por uma viagem maravilhosa, ao mesmo tempo em que a trazem de volta à realidade, onde a magia desaparece. Os contos de fadas ainda proporcionam a formação da criança ao ajudá-la a distinguir o real do irreal, fazendo-a imaginar, estabilizando sentimentos conflitantes, separando o justo do injusto, o bom do mau, o verdadeiro do falso nas relações interpessoais, ajudando a elaborar, no imaginário, soluções para seus problemas (Bettelheim, 1996). Para o desenvolvimento do grafismo, propomos atividades que propiciem a estimulação de seu desenvolvimento psicomotor. Como o processo diagnóstico não é conclusivo, durante a intervenção psicopedagógica, nossa programação pode ser modificada, de acordo com o que a situação for impondo.

Na devolutiva, recomendamos aos pais um investimento maior e mais real no processo de aprendizagem da filha, dando-lhe oportunidade de criticar, discordar, para que possa construir-se como sujeito, o que não os impediria de exercer o interdito e para que a criança, mesmo desenvolvendo seu senso crítico, tendo seu próprio pensamento, submeta-se às regras de convivência interpessoal. Sugerimos que, de acordo com a postura da escola, a criança permanecesse mais um ano na pré-alfabetização.

Resumo do trabalho de intervenção

A criança passou um ano e seis meses em processo de intervenção psicopedagógica, período em que foram realizadas técnicas projetivas psicopedagógicas, visando a resignificação de suas primeiras modalidades de aprendizagem. Este trabalho foi acompanhado de sessões com os pais, sendo a mãe mais presente do que o pai. Nestas sessões, a conversa com a mãe versava sobre: os trabalhos realizados com a cliente; na escuta da mãe, sobre sua relação com a filha; o desempenho da criança e o seu próprio; em algumas orientações, quando necessário, esporádicos contatos com o casal.

Na intervenção psicopedagógica foram também utilizadas técnicas para estimular seu desenvolvimento psicomotor e o uso intensivo da literatura infantil, com os contos de fada dos Irmãos Grimm.

Pouco depois de iniciada a intervenção psicopedagógica, os pais resolveram transferir a criança da escola em que se encontrava, para outra com uma postura construtivista, com a qual mantivemos contato permanente, seja com os profissionais envolvidos no trabalho escolar da criança, seja com visita à escola.

Seis meses após o trabalho de intervenção psicopedagógica, recebemos da escola um laudo, no qual alguns dados acerca da criança foram expostos, fato que se dá como rotina da escola. Neste laudo, a escola nos informa que Lúcia ainda se encontrava em processo de organização de seu desenvolvimento psicomotor; na área cognitiva, a atenção e a apropriação de conceitos se davam regularmente; na comunicação e representação, já apresentava boa compreensão, boa articulação e boa expressão da linguagem oral, precisando de mais estimulação na comunicação com o grupo; na linguagem escrita, ainda se encontrava em processo, o que a enquadrava no nível de transição para a fase silábica.

Ao completar o período que passou em processo de intervenção psicopedagógica, sob minha orientação, a criança passou a participar e interessar-se mais pela literatura infantil, e seu desenho já possuía cenas completas, com histórias coerentes e com nexo, embora necessitando ainda ser estimulada a expor mais suas idéias e a participar mais ativamente das propostas de trabalho.

Com relação aos conceitos matemáticos, Lúcia já possui os conceitos básicos de cores, formas, noções topológicas e idéias comparativas; apresenta algumas noções de seriação e classificação, conhecimento da função social do número, reconhecimento de numerais e sua relação com quantidade, resolvendo pequenos problemas.

Lúcia já participava com interesse nos jogos, mantendo uma razoável demonstração de que estava capaz de atuar em grupo, com maior maturidade emocional.

Mesmo considerando que ainda necessitava envolver-se mais com as tarefas escolares e investir no seu papel de estudante, comprometer-se mais com o processo ensino-aprendizagem e ter maior compromisso com a realização das tarefas de casa, achei por bem atender à solicitação dos pais de terminar o processo de intervenção psicopedagógica. Ao final de meu trabalho, os pais mantiveram o compromisso de investirem mais em todos os aspectos de desenvolvimento da filha. A escola foi informada do término do trabalho psicopedagógico e da condição de desenvolvimento em que a cliente se encontrava.

O problema de aprendizagem-sintoma, falado no início desse relato, começa a desaparecer, a partir da percepção pela criança de que seus pais, principalmente sua mãe, estavam mais envolvidos com a sua aprendizagem, acompanhando suas tarefas escolares, mais compromissados com seu crescimento pessoal, retirando a filha do lugar, antes a ela destinado, do "doente da família".

CASO MÁRIO (UMA CRIANÇA DISLÉXICA)

Mário era um pré-adolescente, com onze anos de idade, cursando a 5ª série do fundamental II, em uma escola particular da cidade de Olinda, em Pernambuco. Seus pais tinham nível superior de escolaridade, sendo o pai engenheiro e a mãe pesquisadora social. A família nuclear era constituída de três filhos, sendo Mário o caçula e o único do sexo masculino.

Foi um cliente encaminhado por uma psiquiatra infantil, cuja queixa era dificuldade na leitura e na escrita. A queixa dos pais era a de dificuldades em português; sempre em recuperação, pois segundo a mãe, não foi bem alfabetizado. Esta queixa vem sendo a cena constante da vida escolar dessa criança. Não apresentava queixa na aprendizagem da matemática, a não ser quando começou a ter de interpretar a leitura de problemas matemáticos; isto porque não conseguia fazer uma interpretação de nenhum texto, pela má qualidade de sua leitura. Sempre foi acompanhado por professora particular, fato que, agora, vem se constituindo em mais um problema para o então adolescente. Ele era o único de seus colegas de classe que tinha, sistematicamente, uma professora de apoio para suprir suas deficiências em sala de aula.

Tratava-se de uma pessoa carinhosa, acomodada às regras disciplinares, sem nenhuma outra queixa que não a de dificuldade em aprender a ler e escrever. Esta queixa começava a se estender às outras disciplinas, pois a má leitura não permitia sair-se bem nas disciplinas que exigiam uma boa compreensão dos textos lidos.

Foi um bebê nascido de parto realizado por via baixa, muito demorado, tendo sido ajudado pelo médico, que ainda fez uma indução. Nasceu cianosado, tendo de passar algum tempo no oxigênio. Há queixa de muita otite, sendo operado duas vezes. A queixa chega até a uma limitação na audição, fato que nunca foi comprovado. Trata-se de uma criança muito emotiva, chora com facilidade e prefere brincar sozinho. Sempre foi muito protegido pelos pais, pelos seus problemas e por ser o filho caçula.

Na avaliação, apresentou dominância de mãos direita e de olhos e pés esquerdos, o que sugere lateralização cruzada; apresentou dificuldades no reconhecimento da posição dos objetos, quanto à direita e esquerda; desorganização espaço-temporal; imaturidade grafo-perceptiva. Como já tivemos oportunidade de expressar em outro capítulo, os distúrbios que mais freqüentemente acompanham a criança com dislexia são aqueles referentes à fala, à compreensão da linguagem, à orientação espacial e temporal, à discriminação perceptiva visual e auditiva, ao esquema corporal, à dominância lateral, à incoordenação motora, ao conhecimento de direita-esquerda e à atenção. Esses sintomas apresentados podem surgir agrupados de maneiras diversas, e em menor ou maior grau de intensidade.

Todos esses transtornos levaram-no a apresentar uma leitura com muito espelhamento, com trocas bastante características da leitura do disléxico, o que dificultava a interpretação de qualquer texto lido. Na escrita, a criança apresentava certa dificuldade no grafismo, além de uma acentuada disortografia, ou seja, troca na transposição dos fonemas para os grafemas.

Com essas características apresentadas no processo diagnóstico, levantamos a hipótese da dislexia, pois a elas juntamos os dados colhidos na anamnese. Ao levantarmos esta hipótese, recorremos ao teste de dislexia apresentado por Condemarin e Blomquist (1986, p. 44), a fim de confirmarmos ou não esta hipótese diagnóstica. O teste das autoras se propõe a:

1. Situar o nível de leitura da criança sobre a base da leitura de sílabas de crescente complexidade.
2. Explorar sinais disléxicos na leitura oral.
3. Utilizar os resultados como guia para o tratamento corretivo individual dos erros no reconhecimento das palavras.

É um teste aplicável em crianças de sete a dez anos. Isto porque, nas crianças menores de sete anos, as inversões e trocas se caracterizam como confusões próprias do período evolutivo de leitores imaturos. As autoras elaboraram o teste estabelecendo dois níveis de observação: o nível de leitura e o nível de erros específicos.

Também foi utilizado para avaliar a leitura de Mário o indicador para medir a velocidade de sua leitura silenciosa, outra forma de avaliação do disléxico proposta por Condemarin e Blomquist (1986, p. 51).

Mário apresentou como resultado de suas respostas dadas na apresentação das questões dos testes um modelo de leitura que apontava para um leitor disléxico. Ele não era capaz de ler sem dificuldades determinadas palavras ou partes delas; soletra as palavras antes de lê-las; realiza uma leitura vacilante, chegando, às vezes a pronunciá-la sílaba por sílaba; não segue as regras da pontuação, dificultando sua unidade de pensamento;

não apresenta um bom ritmo, nem uma fluidez adequada na sua leitura, em conseqüência das dificuldades anteriores; apresenta uma velocidade de leitura bastante lenta; manifesta muita tensão ao realizar a leitura de um texto; apresenta movimentos corporais ao realizar uma leitura, tais como: seguir a linha com o dedo para não se perder, movimentar a cabeça para acompanhar a leitura e murmura baixinho as palavras, quando realiza a leitura silenciosa; em cinco minutos, leu menos de 100 palavras, o que corresponde à leitura de uma criança de menos de nove anos e cursando uma série escolar inferior a sua.

É preciso lembrar, no entanto, que Mário, além de apresentar as características acima expostas, demonstrava ainda um comprometimento emocional acentuado, carregado de marcas que foram inscritas em seu inconsciente, produzindo assim dificuldades corporais que se somavam as suas outras dificuldades, aumentando a problemática na aquisição da leitura e da escrita.

Lembremos o que nos diz Pain (1999) acerca da relação entre o envolvimento do organismo e do corpo no processo de aprendizagem do sujeito aprendente. A autora nos fala sobre a distinção entre o corpo e o organismo e a equivalência da função do instinto e do pensamento. O organismo como uma "infra-estrutura programada", fator igual a todos os humanos, possuidores de memória da reação e do reflexo que se caracterizam como necessários para regular o indivíduo na sua maneira de respirar, abrir os olhos à luz, sugar o peito da mãe na primeira mamada, como se fosse um "aparelho de gravação programada" e que fazem a constituição de um conjunto de reflexos provocadores de comportamentos que se adaptam e são hereditários. Diferentemente, o corpo se apresenta como uma elaboração significante que precisa do organismo, de uma relação para se tornar pessoal. Assemelha-se a "um instrumento musical" (Pain 1999, p. 34).

No caso de Mário, havia um organismo comprometido e um corpo carregado de relações que se constituía por uma elaboração estimulada pelo meio familiar e social que favoreciam a transformação do seu objeto de desejo, particularmente o objeto do conhecimento, a um desejo que não era o seu. Existia em Mário um organismo comprometido, mas que teve como fator desencadeante as relações vinculares negativas que construíram uma modalidade de aprendizagem desfavorável.

Revendo os referenciais teóricos sobre o assunto, procuramos traçar um processo interventivo voltado para um trabalho com uma criança disléxica. Sua intervenção psicopedagógica seguiu alguns parâmetros de Condemarin e Blomquist, e de Ajuriaguerra. Foram introduzidos alguns trabalhos com atividades psicomotoras, além do uso sistemático dos contos de fadas.

Mário permaneceu em acompanhamento por mais ou menos dois anos e meio, em constante contato com a escola onde estudava, com permanente ajuda da família. Foi bastante significativa a ajuda dos pais e da escola neste processo interventivo, com uma criança com muitas características de dislexia.

Referências bibliográficas

AJURIAGUERRA, J. e col. **A dislexia em questão**. Porto Alegre: Artes Médicas, 1984.

BAQUERO, R. **Vygotsky e a aprendizagem escolar**. Tradução de Ernani F. da Fonseca Rosa. Porto Alegre: Artes Médicas, 1998.

BASSEDAS, Eulália et al. **Intervenção educativa e diagnóstico psicopedagógico**. Tradução de Beatriz Affonso Neves. Porto Alegre: Editora Artes Médicas, 1996.

BETTELHEIM, Bruno. **A psicanálise dos contos de fadas**. Tradução de Arlete Caetano. Rio de Janeiro: Paz e Terra, 1996.

BEYER, Hugo Otto. **O fazer psicopedagógico**: A abordagem de Reuven Feuerstein a partir de Piaget e Vygotsky. Porto Alegre: Mediação, 1996.

BOSSA, Nádia A.; OLIVEIRA, Veras. **A psicopedagogia no Brasil**: Contribuições a partir da prática. Porto Alegre: Artes Médicas, 1994.

_____. **Avaliação psicopedagógica da criança de zero a seis anos.** Petrópolis: Vozes, 1994.

_____. **Avaliação psicopedagógica da criança de sete a onze anos.** Petrópolis: Vozes, 1997.

CAMPOS, Maria Célia Malta. O ato de aprender: investigando o ato de aprender. In: **I Ciclo de Estudos de Psicopedagogia Mackenzie.** São Paulo: Memnon- Editora Mackenzie, 1999.

CARRAHER, Teresinha (org.). **Aprender pensando** – Contribuições da psicologia cognitiva para a educação. Petrópolis: Vozes, 1986.

CONDEMARIN, Mabel; BLOMQUIST, Marlys. **Dislexia – manual de leitura corretiva.** Porto Alegre: Artes Médicas, 1986.

CORDIÉ, Anny. **Os atrasados não existem** – Psicanálise de crianças com fracasso escolar. Porto Alegre: Artes Médicas. 1996.

_____. **Malaise chez l'enseignant – l'éducation confrontée à la psychanalyse.** Paris: Édition Du Seuil, 1998.

CORREL, Werner; SCHUVARZE, Hugo. **Distúrbios de aprendizagem. Manual programado.** Tradução de Nestor Dobdom. São Paulo: Editora Pedagógica Ltda. e Editora da Universidade de São Paulo, 1974.

COSTALLAT, Dalila Molina de. **Psicomotricid** – La coordinacion visomotora y dinamica – manual del niño infradotado. Buenos Aires: Editora Rosada S/A, 1969.

DOLLE, J. M. **Para além de Freud e Piaget.** Petrópolis: Vozes, 1993.

DUBOIS, Jean et al. **Dicionário de lingüística.** São Paulo: Cultrix, 1993.

FERNÁNDEZ, Alicia. **A inteligência aprisionada**. Tradução de Iara Rodrigues. Porto Alegre: Artes Médicas, 1990.

_____. **A inteligência aprisionada**. 2ª ed. Porto Alegre: Artes Médicas, 1991.

_____. **A mulher escondida na professora**. Porto Alegre: Artes Médicas, 1997.

_____. **Os idiomas do aprendente**. Porto Alegre: Artes Médicas, 2001a.

_____. **O saber em jogo**. Porto Alegre: Artes Médicas, 2001b.

FERREIRA, Ascenso. CATIMBÓ E OUTROS POEMAS, Editora José Olympio, Rio de Janeiro, 1963.

BEYER, Hugo Otto. **O fazer psicopedagógico**; A abordagem de Reuven a Feuerstein a partir de Piaget e Vygotsky. Porto Alegre: Mediação, 1996.

FONSECA, Vítor da. **Educação especial**: Programa de estimulação especial – uma introdução às idéias de Feuerstein. (2ª ed. revista e aumentada). Porto Alegre: Artes Médicas, 1995.

_____. **Aprender a aprender**. Porto Alegre: Artes Médicas, 1997.

_____. **Aprender a aprender – a educabilidade cognitiva**. Porto Alegre: Artes Médicas, 1998.

FREIRE, M. O que é um Grupo?, In: **A paixão de aprender**. Organização de Esther Pillar Grossi e Jussara Bordia. Petrópolis: Vozes, 1996.

GAARDER, J. **O mundo de Sofia**. Tradução de João Azenha Jr. São Paulo: Cia. das Letras, 1995.

GARTON, A. F. **Social interaction and the developement of language and cognition**. Uk Hillsdale USA: Lauvrence Erlbaum Associates, Publishers Hove, 1952.

GILLIG, Jean-Marie. **O conto na psicopedagogia**. Tradução de Vanise Dresch. Porto Alegre: Artes Médicas, 1999.

GOULART, Iris Barbosa. **Piaget**: Experiências básicas para utilização pelo professor. Petrópolis: Vozes, 1998.

GRIZ, Maria das Graças S. **Distúrbios de aprendizagem**. Apostila apresentada no Curso Distúrbios de Aprendizagem. Recife: Clínica de Psicologia da Faculdade de Filosofia do Recife, 1986.

_____. Olhar e escuta psicopedagógica na clínica. In: **Revista Psicopedagogia**. São Paulo: Associação Brasileira de Psicopedagogia – ABPp, 1997, 16 (42), p. 29.

_____. Avaliação psicopedagógica: verificação de talentos e potencialidades. In: **Revista Symposium. Ciências Humanas e Letras – Psicologia**. Recife: Universidade Católica de Pernambuco. Número Especial, dez/2000, ano IV, p. 64.

_____. Cognição e afetividade. In: **Revista Psicopedagogia**. São Paulo: Associação Brasileira de Psicopedagogia – ABPp, 2002, 19 (60), p. 25.

_____. O papel da família nos processos de aprendizagem. In: **Revista Construção Psicopedagógica**. São Paulo: Instituto Sedes Sapientiae, 2003, ano XI, 8, p. 63.

_____. Avaliação psicopedagógica: verificação de talentos e potencialidades. In: **Psicopedagogia**: diversas faces, múltiplos olhares. Maria Alice Leite Pinto (Org.). São Paulo: Olho D'Agua, 2003.

GRÜNSPUN, Haim. **Distúrbios neuróticos da criança**. Rio de Janeiro: Livraria Editora Atheneu, 1966.

INGLEBY, D. Freud e Piaget: a guerra imaginária. In: **Análise Psicológica**, 1982, 1/1 (III), p. 5-26.

LAJONQUIÈRE, L. **De Piaget a Freud – a (psico)pedagogia entre o conhecimento e o saber**. Petrópolis: Vozes. 1992.

LEFÈVRE, Antônio Branco e col.. **Disfunção cerebral mínima**. São Paulo: Sarvier S/A. Editora de Livros Médicos, 1975.

LIMA, E. C. A. S. **O conhecimento psicológico e suas relações com a educação**. Brasília: Revista em Aberto, 1990.

LÚRIA, A. R. **Pensamento e linguagem**. Tradução Diana Myriam e Mário Corso. Porto Alegre: Artes Médicas,, 1987.

MARTINS, Vicente. A dislexia em sala de aula. In: **Revista Psicologia Brasil**. São Paulo: Editora CRIARP, 2003, ano I, 3.

MAYER, R. E. **Cognição e aprendizagem humana**. São Paulo: Cultrix, 1977.

MEUR. A de L. Staes. **Psicomotricidade** – Educação e reeducação. São Paulo: Manole, 1984.

MOOLl, L. C. **Vygotsky e a educação** – Implicações pedagógicas da psicologia sócio-histórica. Tradução de Fani A. Tesseler. Porto Alegre: Artes Médicas, 1996.

MORAES, Genny Goluby de. **Pré-alfabetização**. São Paulo: Vetor Editora Psicopedagógica Ltda, 1981.

MORIN, Edgar. **Os sete saberes necessários à educação do futuro**. Tradução de Catarina Eleonora F. Da Silva e Jeanne Sawaya. Brasília/Distrito Federal: Cortez, 2000.

OLIVEIRA, Marta Kohl de. **Vygotsky:** Aprendizado e desenvolvimento – um processo sócio-histórico. São Paulo: Scipione, 1993.

PAIN, Sara. **Diagnóstico e tratamento do problema de aprendizagem.** 2ª ed. Porto Alegre: Artes Médicas, 1986.

_____. **Subjetividade e objetividade:** Relações entre desejo e conhecimento. São Paulo: Centro de Estudos Educacionais Vera Cruz – CEVEC, 1996.

_____. **A função da ignorância.** Nova edição ampliada e atualizada. Porto Alegre: Artmed, 1999.

PAMPLONA de Morais, A. M. **Distúrbios de aprendizagem:** Uma abordagem psicopedagógica. São Paulo: Edicon, 1985.

PARENTE, S. M. B. A. Dificuldades de aprendizagem: discussão crítica de um modelo de atendimento. In: **Psicopedagogia:** O caráter interdisciplinar na formação e atuação profissional. Beatriz Scoz e col. Porto Alegre: Artes Médicas, 1987.

PIAGET, J. **Seis estudos de psicologia.** Tradução de Maria Alice Magalhães D'Amorim e Paulo Sérgio Lima Silva. Rio de Janeiro: Forense-Universitária Ltda, 1987.

PIAGET, J.; INHELDER, B. **A psicologia da criança.** Rio de Janeiro: Bertrand Brasil, 1998.

POPPOVIC, Ana Maria. **Alfabetização, disfunções psiconeurológicas.** São Paulo: Vetor Editoras Psicopedagógicas Ltda, 1968.

_____. MORAES, Genny Goluby de. **Prontidão para alfabetização – programa para o desenvolvimento de funções específicas:** teoria e prática. São Paulo: Vetor Editora Psicopedagógica Ltda, 1966.

ROCHA, Zaldo. **Investigação psiconeurológica em crianças com dificuldades para a leitura.** Tese para concurso de Docência Livre de Psiquiatria I e II. Recife, Faculdade de Medicina da Universidade Federal de Pernambuco, 1974.

_____. **Curso de psiquiatria infantil.** Recife: Tipografia Papelaria Liceu, 1981.

_____. **Curso de psiquiatria infantil.** Petrópolis: Vozes, 1985.

SARGO, Claudete e col.. **A práxis psicopedagógica brasileira.** São Paulo: Editora da Associação Brasileira de Psicopedagogia – ABPp, 1994.

SCHAIN, Richard J. **Distúrbio de aprendizagem na criança.** São Paulo: Manole, 1976.

SCOZ, Beatriz e col. **Psicopedagogia –** Contextualização, formação e atuação profissional. Porto Alegre: Artes Médicas, 1992.

SCOZ, B. **Psicopedagogia e realidade escolar.** Petrópolis: Vozes, 1994.

SEVERINO, Antônio Joaquim. A psicopedagogia e o espaço transdisciplinar. In: **A psicopedagogia em direção ao espaço transdisciplinar.** Organização de Noffs, Neide de Aquino, Fabrício, Nívea de Carvalho e Souza, Vânia de Carvalho Bueno. São Paulo: Frôntis Editora, Associação Brasileira de Psicopedagogia, 2000.

SPINILLO, A. G. **As relações entre aprendizagem e desenvolvimento discutidas a partir de pesquisas de intervenção.** Arquivos Brasileiros de Psicologia, 1999, 51 (1), 55-74.

STERNBERG, R. J. **Psicologia cognitiva.** Tradução de Maria Regina Borges Osório. Porto Alegre: Artes Médicas, 1996.

TYSON, Philliis & TYSON, Robert. **Teorias psicanalíticas do desenvolvimento**: Uma integração (trad. De Maria Adriana Veríssimo Veronesse). Porto Alegre: Artes Médicas, 1993.

VISCA, Jorge Pedro Luis. **Psicopedagogia**: Teoria, clínica, investigacion. 2. ed. Buenos Aires: AG Serviços Gráficos, 1973.

_____. **Psicopedagogia**: Novas contribuições. Rio de Janeiro: Nova Fronteira, 1991.

_____. **Clínica psicopedagógica** – Epistemologia convergente. Porto Alegre: Artes Médicas, 1987.

VYGOTSKY, L. S. **Pensamento e linguagem**. Tradução de Jéferson Luiz Camargo. São Paulo: Martins Fontes, 1987.

_____. **A formação social da mente**. Tradução de José Cipolla Neto, Luís Silveira Menna Barreto e Solange Castro Afeche. São Paulo: Martins Fontes, 1998a.

_____. **O desenvolvimento psicológico na infância**. Tradução de Cláudia Berliner. São Paulo: Editora Martins Fontes, 1998b.

_____. LÚRIA, A. R.; LEONTIEV, A. N. **Linguagem, desenvolvimento e aprendizagem**. Tradução de Maria da Penha Villalobos. São Paulo: Ícone, 1988.

WEISSS, Maria Lúcia L. **Psicopedagogia clínica**: Uma visão diagnóstica. Porto Alegre: Editora Artes Médicas, 1992.

ZAZZO, René. **Manual para o exame psicológico da criança**. São Paulo: Editora Mestre Jou, 1981.

SITES:

http://www.zelius.com/p_detail_contenu.asp?gnrld=367

http://www.dunod.com/pages/auteur/ficheauteurs.asp?Aut_ID=1037&PRO_Code_GPE=4

http://www.unige.ch/fapse/SSE/groups/life/livres/alpha/G/Gillig_1999_A html

http://www.fce.com.co/obra.php?id_obra=6733

Edições Loyola

impressão acabamento
rua 1822 n° 347
04216-000 são paulo sp
T 55 11 2914 1922
F 55 11 2063 4275
www.loyola.com.br